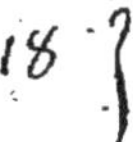

ADVIS

AVX CATHOLIQVES,

Pour iuger de la bonne Doctrine,
ſur la matiere de la GRACE.

Et ſeruir de Reſponſe à la premiere partie de
la Lettre d'vn Abbé à vn Eueſque.

M DC. L.

L'Imprimeur au Lecteur.

IE donne vn peu tard cét ADVIS au public, ne l'ayant peu arracher pluſtoſt des mains de ſon Autheur, qui ne l'a laiſſé ſortir de ſa plume & de ſon cabinet, qu'à la priere & pour l'inſtruction de quelques-vns de ſes plus confidens amis, qui à l'exemple & ſolicitation de pluſieurs autres, auoient quelque inclination à la nouueauté, & pour ceux qui veulent reformer l'Egliſe en ſa doctrine, & en l'vſage de ſes Sacremens. Vous iugerez mieux de l'importance & vtilité de cét ADVIS par la lecture que vous en ferez, que par les loüanges que ie pourrois donner à ſon Autheur, auec autant ou plus de ſuiet, qu'on les a données à l'Autheur de la Lettre d'vn Abbé à vn autre Abbé. Que ſi le Lecteur s'intereſſe dans la defenſe des bonnes & anciennes opinions, & dans la cenſure de la nouuelle & mauuaiſe doctrine: i'eſpere de ſa bonté qu'il me ſçaura gré de la violence que i'ay fait à l'Autheur de cét ADVIS, pour en faire part au public, & de la bonne volonté, que i'ay eu de le ſeruir en cette occaſion.

ADVIS
AVX CATHOLIQVES,

Pour iuger de la bonne Doctrine,
sur la matiere de la GRACE.

AV LECTEVR.

TOvs les sages asseurent, que la bonne vie
depend de la bonne doctrine; & qu'vn esprit preuenu de fausses opinions, est autant in-
capable de produire vne veritable vertu, que les
tenebres la lumiere, l'erreur la verité, & vne mauuaise cause vn bon effet : celui-cy estant l'expres-
sion de sa cause, & la participation de son estre.
L'Apostre nous enseigne cette verité, lors qu'empruntant les paroles du Prophete Habacuc, il dit
que le iuste vit de la foy, *Iustus ex fide viuit.* Estre Rom.1.
iuste, c'est estre homme de bien, & vertueux ; &
toute vertu est vne espece de iustice. La vertu ne
commence que par la foy, elle ne croist que par
la foy, elle ne se nourrit que du suc, que la foy
luy fournit, elle n'a autre subsistance, ny vie, que
celle qu'elle reçoit de la foy : *Primitias habemus ip-* Augaft. in
sam fidem, vnde incipimus. Nostre foy nous tient lieu Pfalm.134.
de premier né. *Ecclesia quippe dictum est: & venies,*
& pertransies ab initio fidei: & nemo incipit benè vi-

A ij

uere, nisi à fide. Fides ergo noftra in primogenitis noftris eft. Quando cuftoditur fidès noftra, cætera fubfequi poffunt. Nam quando purgantur homines, proficiendo in melius, meliufque viuendo, ideò fit, quia primogenita fides viuit. Quand IESVS-CHRIST inftitua fon Eglife, il voulut que la foy en fuft la bafe & le fondement; & qu'elle fuft la premiere démarche que fes enfans feroient pour y entrer. C'eft donc par la foy que nous commençons à bien viure: c'eft donc la foy que nous deuons cherir, & confiderer, comme on fait l'aifné d'vne maifon. Si nous conferuons noftre foy, nous aurons toutes les autres chofes neceffaires à noftre falut. Si les gens de bien purifient leurs ames, s'ils profitent tous les iours, s'ils croiffent en vertu, c'eft parce que leur premier né, ie veux dire leur foy, eft vne viue foy, & qu'ils agiffent, & viuent felon les veritez de la foy. Si la foy eft vn fi grand bien, fi elle eft vne fi pretieufe grace de Dieu, dans quelle difgrace & confufion tombe vne ame, dont ce premier né vient à mourir? quel malheur quand les hommes perdent la foy dans l'affliction de l'Eglife? *Si ergo magna Dei gratia eft, vt conferuetur fides noftra, magna pæna eft occidere primogenita, quando homines in afflictione Ecclefia conftituti perdunt fidem.*

Tous les pechez, & les defordres que les fideles commettent, font autant de perfecutions que l'Eglife fouffre. Elle en diffimule & endure plufieurs, pour conferuer l'vnion des efprits & des

cœurs : mais elle est si delicate en ce qui touche
la foy, qu'elle n'en peut souffrir la moindre al-
teration, sans en tesmoigner vn tres-sensible dé-
plaisir. Elle ne pardonne à qui que ce soit, qui
l'ait touchée en cette partie, qui est comme la
prunelle de son œil. Depuis que l'Eglise est Eglise, iamais personne, pour docte & vertueux qu'il
ait paru, n'a aduancé aucune proposition contre
la foy, qu'incontinent elle n'ait pris les armes
contre luy, qu'elle n'a point mis bas, qu'elle ne
l'ait rangé à son deuoir, par vne humble soumis-
sion à ses sentimens, ou qu'elle ne l'ait excom-
munié, & retranché comme vn membre pourry,
& qui infalliblement communiqueroit sa gan-
graine aux autres.

C'est en cette espece de scandale que nostre
Seigneur commande à son Eglise de ne pardon-
ner pas à ses yeux, à ses mains, & à ses pieds. Qui
sont les yeux & les mains de l'Eglise? ce sont, dit
Origene, les Pasteurs & Docteurs: ce sont ceux
que l'Eglise employe dans les plus nobles fon-
ctions, & les plus releuez ministeres. Que s'il es-
chappe quelque chose à ces grands hommes, qui
choque sa doctrine, & qui scandalise les plus foibles membres de son corps, elle n'espargne pas
mesme le glaiue de l'excommunication, pour les
en retrancher. De quelle reputation estoit dans
l'Eglise Lucifer Euesque de Calare, grand ennemy des Arriens? Quels estoient, à vostre aduis,
Nestorius, Photinus, Apollinaris, Eutyches? c'e-

ſtoient ſans doute des eſprits releuez, qui auoient
ſeruy l'Egliſe en pluſieurs & importantes affaires,
& neantmoins elle ne les a pas eſpargnez, elle les a
condamnez, elle leur a interdit la communion des
fideles, qu'ils auoient ſcandaliſez par leur mauuaiſe doctrine. Et de vray, il n'y a que cette ſorte
de perſonnes, qui par l'eſclat de leur ſçauoir, &
d'vne vertu apparente, puiſſent ſeruir de pierres
d'achopement aux autres Chreſtiens, qui ſont
plus recommandables pour leur ſimplicité, que
pour leur ſuffiſance. *Sunt docti qui affligunt Eccle-*
ſiam, ſchiſmata & hæreſes faciendo trahunt poſt ſe tur-
bas indoctas.

Où vous remarquerez à ce propos, que ces doctes, qui veulent faire parler d'eux, ſcandaliſent or-
dinairement l'Egliſe en deux façons, dans les propoſitions de doctrine & de foy, qu'ils aduancent;
car elles tendent à l'hereſie ou au ſchiſme. On
trouble le repos de l'Egliſe, lors qu'on veut cor-
rompre par quelque erreur, la pureté de ſa foy;
on met la diuiſion, on porte le ſcandale parmy
ſes enfans, quand celuy qui ſe pique de ſcience &
de probité taſche de décrier la ſaine doctrine des
autres, & la veut faire paſſer pour heretique. *Cùm*
detrahitur bonis, ab his qui videntur alicuius momen-
ti, & docti eſſe, in ſcandalum cadunt infirmi, qui ad-
huc neſciunt iudicare.

C'eſt, mon cher Lecteur, de ces deux ſortes
de ſcandales que nous voyons, au grand regret de
tous les bons & veritables Catholiques, l'Egliſe

troublée & fcandalifée, depuis neuf ou dix ans.
L'Abbé de S. Cyran , conformément au deffein
qu'il en prit auec Ianfenius, lors qu'ils viuoient enfemble à Bayonne, en ietta les femences & la premiere pierre de fcãdale , dans ce gros volume d'inuectiues & de calomnies qu'il efcriuit fous le nom
de *Petrus Aurelius,* contre les Iefuites : ce fut là qu'il
commença à leur donner le nom de Moliniftes ,
& fous ce nom les traitter de Pelagiens, & de Semipelagiens. Ce liure fut fuiuy du fameux & poft-
hume *Auguftin* de l'Euefque d'Ypre , *Cornelius
Ianfenius.* Dés lors que cét ouurage parut, il caufa du trouble & du fcandale , ayant remis fur le
tapis plufieurs propofitions , que l'Eglife auoit
condamnées dans Baius , & mefmes quelques-
vnes de celles de Caluin.

Il faut aduouër que ces deux perfonnages fem-
bloient eftre nez pour eftre chefs de party , &
faire fcandale dans l'Eglife, s'eftans acquis l'vn &
l'autre vn grand credit, & vne haute eftime parmy plufieurs Catholiques, qui ont mefme entrepris leur defenfe auec zele & chaleur : Parmy lefquels ie n'en remarque aucun, dont ceux du party faffent plus de cas, que d'vn Abbé , qui ne fe
nomme point en deux ouurages, qu'il a donnez
au public en forme de Lettre, dont il addreffe la
premiere à vn Euefque, & la feconde à vn autre
Abbé. Dans l'vn defquels on n'a pas oublié l'e-
loge que celuy qui a fait imprimer la premiere
Lettre luy donne en ces termes :

Cét Autheur eſt vn ſçauant & vertueux Eccleſiaſtique, eſclairé dans la matiere de la Grace, tout autant qu'aucun homme qui ſoit dans l'Egliſe. C'eſt vn
Abbé d'vn merite tout extraordinaire, dont le profond
& le vaſte ſçauoir, l'eſprit ſublime, le grand, & le clair-
uoyant iugement ſont connus non ſeulement par tout ce
qu'il y a d'honneſtes gens dans la France, mais ont encore eſté admirez il y a long temps par toute la Cour de
Rome, & par le feu Pape meſme Vrbain Huictieſme.
Il a, dit on, touſiours veſcu, & vit encore dans vn
extreme deſintereſſement, ſa douceur, ſa charité, & toutes ſes autres rares qualitez luy ont conſerué l'approbation publique : quelque iniure qu'on luy faſſe, il endure
tout auec la magnanimité d'vn Apoſtre. Il a vn zele
qui luy fait crier à tout moment, Crie inceſſamment,
éleue ta voix, & la fais retentir comme le ſon de la trom-
pette. Ce ſage & pieux Eccleſiaſtique pour l'honneur
qu'il rend au Concile de Trente s'en fait lire reguliere-
ment à ſon oraiſon du ſoir, vn decret, qu'il entend la te-
ſte nuë, & à deux genoux, comme l'Eſcriture ſaincte.
Et pour ce qui eſt de la doctrine de la Grace, il
en fait vne eſtude tres-expreſſe depuis ſix ou ſept ans.
C'eſt à dire depuis qu'il l'a eſtudiée dans Ianſenius,
& aiuſtée à ſes maximes.

Ce ſont les rares parties, qui rendent recommandable cét Abbé. Ie ſçay bien que pluſieurs,
& des plus intelligens croient qu'il a eſté ſon panegyriſte luy-meſme : ce que ie ne puis croire,
tant ie remarque de modeſtie dans ſa premiere
Lettre.

Mais

Mais encore que M^r l'Abbé fut tel, que son paranymphe nous le depeint, nous n'en tirerons pas vne consequence necessaire de l'infallibilité de la doctrine, qu'il a debitée dans ses Lettres. Il s'est pû tromper & en tromper beaucoup d'autres, & fomenter le scandale que cette doctrine a produit. Mr *Iansenius*, si nous nous en rapportons à celuy qui a fait imprimer son *Augustin*, possedoit toutes ces belles qualitez, & peut estre en vn degré plus eminent, qu'elles ne sont en nostre Abbé. Il auoit vne grande cognoissance des langues Latine, Grecque, & Hebraïque. Il ne respiroit que la verité. Il auoit employé dans la lecture de S. Augustin trois fois plus de temps, que nostre Abbé, il l'auoit leu plus de dix fois tout entier, & plus de trente, les Liures que ce S. Docteur a escrit contre les Pelagiens; & ce auec vne estude & vn soin presque inconceuable : & aprés tout cela, il a donné au public vn *Augustin* bien autre, que celuy que les Papes ont eu en vne particuliere estime & veneration. Car Vrbain V I I I. l'a condamné, & Innocent X. a confirmé sa condamnation : & personne ne peut nier que c'est l'épargner, & le traiter doucement que de le qualifier du nom d'*Augustin le scandaleux*, puisque le sieur Abbé en sa page 40. n'ose nier que ce Liure ne contienne quelques propositions scandaleuses, quoy qu'il nous veüille obliger de ne point reconnoistre de milieu entre cét *Augustin* & les Pelagiens, & qu'à moins que d'entrer dans les

B

fentimens de cét *Auguftin*, il faille neceffairement paffer pour heretique, dans l'efprit de Mʳ l'Abbé. C'eft enfin cét *Auguftin*, qui a ruiné la fortune de Mʳ l'Abbé, *puis que s'eftant declaré pour fes fenti-mens touchant la Grace, fur le poinct qu'il eftoit d'ar-riuer à vne eminente dignité, il en eft decheu, parce qu'on auoit refolu de n'y eleuer, que ceux qui ne faifóient pas profeffion de ces mefmes fentimens.* C'eft ce que nous veut perfuader l'Autheur de l'Auis, au grand fcandale & deshonneur de toute la France, & de l'Eglife mefme : cette eminente dignité ne pou-uant eftre autre que celle d'Euefque, puis qu'il n'eft pas facile de nous perfuader, qu'on ait pen-fé de luy procurer à Rome le chapeau de Car-dinal.

Que doit on donc conclure de cét Aduis, fi-non que tous Noffeigneurs les Euefques, qui ont efté honorez de cette dignité, depuis quelques années, font bien éloignez des fentimens de no-ftre Abbé & de fon *Auguftin*, touchant la grace de IESVS CHRIST, & que par vne confequence neceffaire, ils font dans l'erreur des Pelagiens, ou qu'au moins ils diffimulent leurs fentimens, ils trahiffent leurs confciences, & trompent leurs peuples, aufquels ils debitent vne doctrine bien differente de celle, qu'ils croient eftre la Catho-lique.

Il faut eftre malicieufement ignorant, pour reuoquer en doute que l'Eglife a receu & approu-ué la condemnation de *l'Auguftin de Monfieur Ian-*

senius, faite par Vrbain VIII. qui a confirmé celle que les Papes Pie V. & Gregoire XIII. auoient
fait de plusieurs propositions de Baius. On sçait
que diuerses prouinces de la Chrestienté obli-
gent ceux qui sont pourueus de quelque Euef-
ché de condamner la doctrine de *Ianfenius :* les
Vniuersitez ont fait la mesme chose , & nommément celle de Paris, la plus celebre de toutes,
leur donna exemple dés l'an 1560. qu'elle fit la
premiere censure de cette doctrine, quasi au moment, qu'elle fut mise en auant par Baius.

Que dites vous à cela Messieurs les Zelez pour
cette doctrine , & qui deferez tant à vostre Abbé ? mais que pouuez vous dire ou penser , sinon
que tout le monde se peut dire Pelagien, à bien
plus forte raison, qu'il s'estonna iadis de se voir
Arrien, par la malheureuse surprise du Concile
d'Arimini.

Hê Dieu ! quel scandale : Et quoy, Mʳ l'Abbé,
ne faisiez vous point reflexion à ce que vous
escriuiez, quand vous couchiez en nostre langue
vos sentimens, si propres à troubler & scandali-
ser tant de femmes, tant de simples Catholiques,
qui n'ont d'esprit & de science, qu'autant qui
leur en faut, pour se laisser tromper. A vous ouïr
dire , tout ceux qui ne se declarent point pour
vos opinions, & qui ne secondent point vos in-
tentions, sont Pelagiens : c'est à dire tous les Docteurs, qui depuis tant d'années & de siecles ont
enseigné & imprimé vne doctrine contraire à la

voſtre. Eſt-ce ainſi que condamnant vos peres les Paſteurs de l'Egliſe , & vos freres les Docteurs, vous ſcandaliſez tous les enfans de voſtre mere? *Sedens aduerſus fratrem tuum loquebaris , & aduerſus filium matris tuæ ponebas ſcandalum : hæc feciſti , & tacui?* Les entretiens ordinaires de ceux de voſtre party ne ſont que de Sainct Auguſtin, que de la Predeſtination & de la Grace : ce ne ſont qu'inuectiues contre les Moliniſtes, c'eſt à dire, contre tous ceux qui ne ſont pas Ianſeniſtes : ſi on vous croit, il faut eſtre neceſſairement de l'vn ou de l'autre party , & ſi on n'eſt point Ianſeniſte, on eſt Pelagien. C'eſt ce qui ſcandaliſe les ſimples, c'eſt à dire, les vrais Catholiques, qui gemiſſent, & tous eſtonnez s'écrient : Hê quoy! nous auons donc eſté baptiſez, catechiſez, inſtruits, & gouuernez iuſques à preſent par des heretiques ? Et vous Mr l'Abbé, de qui auez vous eſté inſtruit ? qui ont eſté vos maiſtres, & en France, & à Rome ? qui ſont ceux qui vous ont donné les premieres ſemences de cette pieté & de cette doctrine, qui vous rendent ſi recommandable ? vous ne nierez pas que ce n'ayent eſté les Ieſuites, ces Archipelagiens ? *Hæc feciſti , & tacui ?* Voila le ſcandale que vous donnez. Me dois-ie taire cependant ? dois-ie demeurer les bras croiſez ? ne dois-ie pas taſcher d'eſteindre ce feu , que vous auez allumé. Ouy dea, ie le feray, puiſque mon bon maiſtre me commande d'empeſcher de tout mon poſſible, que les plus petits ne ſoient ſcan-

Pſalm. 49.

dalifez. *Videte ne contemnetis vnum ex his pufillis.* Matth. 1ʒ.

C'eſt à vous, mes chers freres, que i'addreſſe cette inſtruction, & ces aduis familiers, & non pas à ces doctes, qui peuuent eſtre detrompez ou garentis du ſcandale, par la lecture de pluſieurs doctes ouurages, qu'on a donné au public ſur ce ſuiet. Et pour m'accommoder à la portée des plus foibles, ne touchant ny à la raiſon, ny à la do-ctrine, dont ils ne pourroient pas contempler, ny ſupporter l'éclat, ie n'employeray que l'au-thorité de l'Egliſe, dont elle ſe ſert comme de laict, pour la nourriture ordinaire de ſes petits enfans : ie le feray auec la plus grande ſimplicité & clarté qu'il me ſera poſſible, me ſeruant d'vn ſtile familier & naïf, propre pour cette ſorte d'in-ſtruction : ie me garderay bien ſur tout de paſſer les bornes, que la modeſtie & la charité Chre-ſtienne donnent à ceux, à qui la ſeule recher-che, & le pur intereſt de la verité met la plume à la main.

Et parce que la ſeconde partie de la Lettre du ſieur Abbé touche vne queſtion tres-difficile de la Grace, & qui demande plus d'eſtude & de doctrine que la premiere, ie ne m'y arreſteray pas maintenant : ie me contenteray de monſtrer en la premiere partie de cét Aduis, que ceux qu'on accuſe de Pelagianiſme, en ont eſté abſous par le iuge vniuerſel & infaillible de l'Egliſe, qui a condamné iuridiquement ceux qu'on veut main-tenant canoniſer, & faire reconnoiſtre pour les

B iij

legitimes heritiers de la veritable doctrine de
Sainct Auguſtin. Dans la ſeconde ie reſponderay
à la premiere partie de la Lettre, que le ſieur Abbé eſcrit à vn Eueſque, & ie feray voir, Dieu ai-
dant, qu'il n'a pû, ſans faire tort à l'Egliſe eſta-
blir S. Auguſtin l'interprete des oracles diuins,
& nommément du Concile de Trente, dans les
matieres de la Predeſtination & de la Grace.

CHAPITRE I.

Qu'on doit fuir toute nouueauté dans les matieres de la foy.

L'AVTHEVR de la Lettre parle en bon & ſage
Catholique, lors que ſur la fin de la page
77. il teſmoigne vne entiere ſoumiſſion à toutes
les deciſions & ordonnances du Iuge ſouuerain
des fidelles, lequel eſtant aſſis dans le Siege de
S. Pierre par ſucceſſion, a herité du pouuoir & du
droit de iuger en dernier reſſort, des differens qui
naiſtreroient dans l'Egliſe, en matiere de religion.
C'eſt auſſi vne marque de ſa prudence, lors qu'-
au meſme lieu il teſmoingne ſouhaitter que dans
nos diſputes, & queſtions, & nommément dans
celles qui depuis huict, ou neuf ans font tant de
bruit, nous nous ſeruions tous du meſme langage, & des meſmes termes, dont le Concile de
Trente ſe ſert, ſans nous éloigner iamais du ſens
de la venerable antiquité. Il a voulu, comme ie

croy, remarquer iudicieufement, que la doctrine de la foy eft auffi ancienne, que l'Eglife, & que pour nous donner à entendre qu'elle n'eft point fuiette aux changements des temps , les anciens Conciles dans leurs decifions de doctrine, ne marquoient point la datte par le nom des Confuls, & ne faifoient aucune mention du temps, auquel ces articles auoient efté arreftez. Ce que S. Athanafe a remarqué dans fon epiftre des fynodes, reprenant Vrfatius, Valens, & Germinius Ariens d'auoir manqué à cette ancienne coutume de l'Eglife. *Verbis fuis de fide Confules adfcribunt.*

Ce n'eft pas que nonobftant cette antiquité & fans preiudice de cette conformité de doctrine, l'Eglife ne fe ferue & fe foit fouuent feruie de nouuelles façons de parler, pour refuter plus clairement les nouuelles herefies, & qu'vn bon Catholique ne doiue eftre autant religieux obferuateur des termes & expreffions, que les derniers Conciles ont ou inuentez, ou approuuez, que conftant à conferuer la tradition de l'ancienne doctrine.

Appeller quelqu'vn femeur de nouueautez, n'eft-ce pas en langage de l'Eglife , le noter d'erreur , ou au moins d'vne doctrine fufpecte & dangereufe ? mais parce que les heretiques fçauent fort bien, que fi leur doctrine paroiffoit nouuelle, elle porteroit auec foy fon décry : ils luy donnent vn vifage de Sybille , qui par de profondes rides, monftre qu'elle a bien veu des

années. Ils ne parlent que d'antiquité & de ces
ſiecles bienheureux , qui ont puiſé la verité toute pure dans ſa ſource, & ne proteſtent rien tant
que de vouloir ſeulement corriger les erreurs qui
ſe ſont gliſſées dans la doctrine de l'Egliſe, & luy
rendre ſon ancienne beauté.

C'eſt pourquoy lors que le ſage & iudicieux
Catholique entend auancer quelque doctrine,
comme vn article de foy , il l'a tient infalliblement pour nouuelle , ſi elle n'a cours dans les
Vniuerſitez , ſi elle n'eſt commune entre les Paſteurs & Docteurs de l'Egliſe ; à plus forte raiſon
ſi elle cauſe du trouble & du ſcandale entre les
Catholiques.

CHAPITRE II.

Qu'on doit s'arreſter à ce que le Pape deter-
mine en la doctrine de l'Egliſe.

IESVS-CHRIST nous commande de croire à
l'Egliſe, comme à celle, qui eſt fidelle depoſi-
taire de ſa doctrine, & de recourir à elle, en tous
nos doutes. Il ne nous addreſſe pas à elle, comme
muette , ou ne parlant plus, que dans les Liures
des peres, qui ne peuuent reſpondre à nos repli-
ques : mais bien à la meſme Egliſe viuante , &
parlante, que nous pouuons ouyr , auec laquelle
nous pouuons conferer , & qui ſans ambiguité ,
nous peut expliquer ſes ſentimens.

Que

Que s'il oblige la mefme Eglife, en la per-
fonne de fes Pafteurs & Doƈteurs, lors qu'ils
doiuent decider quelque difficulté de doƈtrine,
de confulter les anciens, de lire leurs efcrits, & y
chercher l'ancienne verité, il leur commande
auffi de ioindre la tradition, qui pour eftre entiere, doit encore comprendre le commun fentiment, ou confentement des Doƈteurs modernes; mais pour les particuliers, qui hors des Conciles, ou Affemblées doiuent eftre difciples, non
pas agir en Maiftres, ny Doƈteurs : IESVS-
CHRIST veut qu'on les tienne pour excom-
muniez, s'ils ne croient à l'Eglife, non pas à celle qu'ils peuuent confulter dans fes Liures, mais
à celle qu'ils peuuent ouir parler, & qui par con-
fequent eft de leurs temps. *Si Ecclefiam non au-* Math. 18.
dierit, fit tibi ficut Ethnicus & Publicanus.

C'eft la condamnation des efprits prefom-
ptueux, qui les laiffe fans repartie. Car comme l'Eglife eft toufiours en eftat de nous efcouter & de nous refpondre, il n'eft point neceffaire
qu'elle foit affemblée dans vn Concile, puifque
fi nous fommes Catholiques, nous fommes af-
feurez que le S. Pere eftant le fucceffeur de S. Pierre, qui a efté la bouche du facré College des Apo-
ftres, ainfi que S. Chryfoftome l'appelle, eft ac-
compagné de cette affiftance continuelle du S.
Efprit, qui le rend iuge infallible de toutes les
controuerfes de la foy.

C'eft pourquoy nous pouuons fans aucun

danger d'erreur tenir pour vray, ou probable, ce que le Pape en ayant esté consulté, permet de croire, aussi bien que nous deuons receuoir tout ce qu'il approuue, arreste, & tout ce qu'il prononce de cette Chaire de verité, nous doit estre vn oracle. S. Hierosme nous monstre quelle estime nous en deuons faire par son exemple. Car sollicité par les Ecclesiastiques d'Antioche d'admettre trois hypostases en la S. Trinité, il fut merueilleusement surpris & scandalisé de cette proposition, qui luy sembloit entierement Arienne, parce qu'il raisonnoit de la sorte. Le mot Grec hypostase, selon son etymologie signifie le mesme que substance : & dans l'Eglise Latine les mots de substance, & d'essence signifient vne mesme chose : donc on ne peut admettre trois substances ou hypostases en la Trinité, sans multiplier l'essence. On le presse nonobstant, & à moins que d'admettre ces trois hypostases, aussi bien que trois personnes, on luy refuse la Communion, comme à vn Heretique Sabellien. Ce grand homme qui n'ignoroit rien de ce qui se passoit dans le monde, & consulté de toutes parts, pouuoit assez sçauoir que cette proposition ayant esté desia disputée entre les Grecs, & les Latins, S. Athanase les auoit accordez, & porté les Latins a receuoir cette proposition des trois hypostases, que les Grecs ne prenoient que pour les trois personnes des Latins.

Toutefois S. Hierosme craint qu'on ne le

veüille furprendre, & comme vray, & fidel enfant
de l'Eglife en efcrit au Pape S. Damafe, refolu de
ne croire, ny de parler, qu'aprés auoir efcouté
l'oracle viuant de l'Eglife. Voicy fes termes : *To-*
ta fæcularium litterarum fchola nihil aliud hypofta-
fim, nifi Vfiam nouit. Et quis rogo ore facrilego tres
fubftantias prædicat ? Dans toute l'efcole des lettres profanes, de qui l'Eglife emprunte fes locu-
tions, afin de fe faire entendre, & d'expliquer fes
myfteres facrez, le mot d'hypoftafe ne fignifie
autre chofe qu'effence ; ie vois d'ailleurs, qu'on
ne peut fans impieté reconnoiftre trois effences
dans les perfonnes diuines, que l'Eglife nous enfeigne eftre confubftantielles : toutefois, S. Pere,
fi vous me le commandez, ie ne feray aucune difficulté de reconnoiftre trois hypoftafes en Dieu.
Decernite fi placet, obfecro, non timebo tres hypofta-
fes dicere, fi iubetis. Ce qui fuffit à mon aduis à
des Catholiques tels, que fe profeffent eftre tous
ceux qui font des querelles auiourd'huy fur les
myfteres de la Grace, pour les obliger au refpect
de celuy, que la fageffe eternelle a eftably fon
Lieutenant en terre, & à moins que de les voir
prefts d'accepter tout ce que le S. Siege en a
defia decidé, ie ne croy pas qu'aucun Catholique
veüille les efcouter.

Mais parce que i'entens que quelques vns ne
croient pas que le Pape fe foit affez expliqué, ou
qu'il aye fait tout ce qu'il a deu faire, pour porter vn Arreft iuridique contre leur doctrine &

qui oblige en conscience tous les Catholiques à y
renoncer : ce que M^r l'Abbé, auec lequel ie trai-
te, tesmoigne assez clairement qu'il ne croit pas,
disant en la page 76. & la suiuante qu'il attend la
sentence du S. Siege, & priant que iusques à ce
que ce Iuge souuerain ait decidé la querelle, on
le souffre, & les siens auec la mesme charité dont
l'Eglise les supporte : il me pardonnera si ie luy
dis, qu'il attend que le Pape fasse, ce qu'il a desia
fait, puisque sur tous les articles de nos disputes, il a donné sentence auec connoissance plei-
ne, & entiere de cause, les parties ouyes, autant
qu'elles ont pû le souhaitter raisonnablement,
& dans toutes les circonstances que les plus cri-
tiques, & difficiles peuuent demander dans vn iugement de cette sorte. I'espere que quiconque
considerera ce que ie m'en vay dire, rapportant
brieuement & fidellement ce qui s'est passé iusques à present, aduouëra que i'ay raison.

CHAPITRE III.

Des disputes entre les Catholiques, depuis le Concile de Trente.

DEPVIS l'an 1547. que le Concile de Trente dans la session sixiesme declara à toute
l'Eglise fort amplement, & clairement ses sentimens sur les mysteres de la Predestination, de la
Grace de IESVS CHRIST, de sa necessité, du

franc arbitre, de son concours auec la mesme grace, & en vn mot tout ce qui appartient à l'entiere, &
parfaite connoissance de la premiere iustification
(car pour ce qui est de la seconde, & celle qui se
fait par le moyen du Sacrement de Penitence, il
en traita encore plus amplement dans la session
quatorziesme , qui ne fut tenuë que quatre ans
aprés la sixiesme) ie trouue que les Docteurs Catholiques ont quatre fois formé des disputes touchant la Grace , & l'intelligence de S. Augustin,
& que le S. Pere les a voulu terminer & faire cesser par les sentences qu'il a données, declarant ce
qu'on en deuoit, ou pouuoit croire, & dire sans
aucun danger d'heresie, ou d'erreur. La premiere
dispute fut entre quelques Docteurs de Louuain,
& Michel de Baij. La seconde entre quelques
Docteurs de la mesme faculté & le Pere Leonard
Lessius Iesuite. La troisiesme fut cette celebre
dispute entre les Peres Dominicains , & les Iesuites accusans & deffendans quelques propositions de Dominique Bagnes & de Loüis Molina. La quatriesme a esté au suiet du Liure de
Mr *Iansenius* Euesque d'Ipre , qui parut aprés
la mort de l'Auteur l'an 1640. intitulé *Augustinus.*
Desquelles quatre disputes ie raconteray ce qui
à mon aduis suffit à tous Chrestiens, pour pouuoir reconnoistre ce qu'il en doit croire.

CHAPITRE IV.

*La condamnation des propofitions du
Docteur Michel Baij.*

ENVIRON l'an 1552. Michel de Baij Docteur de Louuain fort eftimé commença
d'y enfeigner la Theologie d'vne façon nouuelle
en ce temps là. car mefprifant la methode dont
les Theologiens fcholaftiques fe feruent pour
traiter leurs queftions, il fit profeffion de ne
s'attacher qu'à la feule doctrine des faincts Peres,
& nommément de S. Auguftin, fe contentant
d'y chercher fes fentences, & de les prouuer par
les paroles du mefme Pere; fans mefme vouloir
receuoir les expofitions que les Theologiens ont
du depuis communement apporté, pour expliquer quelques propofitions de ce grand Docteur de l'Eglife, qui leur pourroient paroiftre
vn peu eftranges, fi elles n'eftoient addoucies.
Cette façon d'enfeigner luy acquit plus de credit
que iamais, & des difciples qui commencerent a
deffendre fortement toute fa doctrine, touchant
mefme la conception de la S. Vierge, qu'il en-
feignoit auoir efté conceuë auec le peché originel. Iufques là que quelques Peres Obferuantins,
nonobftant les decrets de leur ordre, fe iette-
rent dans ce party & deffendirent cette opinion,
fe perfuadans qu'elle eft de S. Auguftin, & qu'ils

estoient obligez de le suiure, és matieres de la
Grace, & du peché originel, esquelles l'Eglise a
tousiours fait estat de se couurir de la doctrine
de ce S. Pere, comme d'vn bouclier asseuré contre
les Pelagiens.

L'an 1560. deux Peres de ce mesme ordre enuoyerent aux Docteurs Theologiens de la Faculté de Paris dix-huit propositions, lesquelles
aprés auoir esté soigneusement examinées furent
toutes iugées heretiques: on les peut voir chez le
Theologien Antoine Richard, qui a escrit pour
la deffence de cette Censure.

Du depuis le Roy d'Espagne estant aduerty,
que dans l'Vniuersité de Louuain ces querelles
s'allumoient peu à peu, & que les esprits, qui les
espousoient auec tant de chaleur, estoient pour
exciter vn dangereux incendie, fit prier sa Saincteté d'y apporter remede. Cette affaire fut ad-
dressée à Pie I V. & son successeur Pie V. qui fit
l'an 1567. au mois d'Octobre, la Bulle qui commence par ces mots *Omnibus afflictionibus*, dans laquelle il rapporte 76. propositions (quelques Docteurs en diuisent trois & en comptent 79.) qu'il
condamne toutes, sans toutefois specifier en
particulier, qui sont les heretiques, qui sont les
erronées, temeraires, ou scandaleuses, & le mesme Pape aduertit qu'il y en a quelques-vnes entre
elles, qui sont en quelque façon soutenables, mais
non pas si on les prend à la rigueur, & dans le
sens, que ceux qui les ont auancé les ont enten-

duës : les paroles de la Bulle sont, *Quas quidem sententias stricto coram nobis examine ponderatas, quanquam nonnullæ aliquo pacto sustinéri possent , in rigore , & proprio verborum sensu ab assertoribus intento , hæreticas, &c. damnamus.*

Le D. de Baij dissimula la marque ignominieuse, dont sa doctrine auoit esté fleʃtrie, & ne manqua pas deʃlors de dire que la Bulle n'estoit nullement contre luy , qu'à dessein le Pape y auoit inseré vne clauʃe, qui le mettoit à couuert : & que ces propoʃitions ʃe pouuoient ʃouʃtenir en leur propre ʃens , & ʃelon qu'ils les auoit entenduës, voulant faire croire qu'il falloit ioindre ʃans aucune virgule ou interponction ces paroles *possent in rigore :* les autres Docteurs au contraire maintenoient, qu'elles deuoient eʃtre diʃtinguées, & que ces mots *in rigore* & les ʃuiuans ʃe deuoient ioindre auec *damnamus.* Le D. de Baij en eʃcriuit au meʃme Pape Pie V. qui luy reʃpondit par vn bref datté du 13. de May l'an 1569. & luy commanda d'obeir à ʃa Bulle, ʃans apporter ces artifices, pour en eluder les atteintes.

Enfin l'an 1579. au mois de Feurier, Gregoire XIII. eʃtant aduerti que nonobʃtãt la Bulle de ʃon predeceʃʃeur, on continuoit dans l'Vniuerʃité de Louuain d'enʃeigner & deffendre quelques-vnes des propoʃitions condamnées, il fit vne Bulle confirmatiue de la precedente, & enuoya à Louuain François Tolet Ieʃuite ʃon Predicateur ordinaire, lequel eʃtant arriué la fit accepter à toute l'Vniuer-

uerſité de Louuain, & nommément au Docteur de Baïj, qui luy donna cette declaration.
Ego Michaël de Baij Cancellarius Vniuerſitatis Lo-
uanienſis agnoſco, & profiteor me ex variis colloquiis,
& communicationibus habitis cum R. P. D. Franciſco
Toleto concionatore ſuæ Sanctitatis, & ad hanc rem
ſpecialiter miſſo ſuper diuerſis ſententiis, & propoſitioni-
bus iam olim à S. D. N. Pio V. fælic. record. ſub data
Kal. Oct. anno 1567. & nuper à Gregorio XIII. moder-
no Pontif. Max. ſub data 4. Kal. Feb. anno 1579. iterato
damnatis & prohibitis, ita motum, eo perductum eſſe,
vt planè mihi habeam perſuaſum earum omnium ſen-
tentiarum damnationem, atque prohibitionem iure meri-
toque, ac non niſi maturo iudicio, & diligentiſſima
excuſſione præmiſſis factam, atque decretam eſſe. Fateor
inſuper plurimas ex iiſdem ſententiis in nonnullis libellis
à me olim, & ante emanatam ſedis Apoſtolicæ ſuper
iis cenſuram conſcriptis, & in lucem editis contineri &
defendi etiam eo ſenſu in quo reprobantur. Denique
declaro me in præſentiarum ab iis omnibus recedere,
& damnationi à S. Sede facta acquieſcere, neque poſt-
hac illas docere, aſſerere, aut defendere velle. Da-
tum Louanÿ die 24. Martij anno 1580. & au deſſous
eſtoit, *Michael de Baij.*

Ie Michel de Baij Chancelier de l'Vniuerſité
de Louuain, reconnois & confeſſe que par la
communication que i'ay eu auec le R. Pere D.
François Tolet Predicateur de ſa Sainćteté, &
ſpecialement par elle deputé au ſuiet de diuerſes
opinions, & propoſitions deſia condamnées par

N. S. P. le Pape Pie V. d'heureuſe memoire, en la Bulle donnée le 1. d'Octobre 1567. & du depuis encore par celle de Gregoire XIII. donnée le 28. Ianuier 1579. qui les condamne derechef, i'ay eſté ſi fort conuaincu, que i'ay eſté obligé d'aduouër, que la condemnation, & prohibition de ces opinions, a eſté tres-iuſtement, & tres-ſagement faite, aprés vne meure deliberation, & vne ſoigneuſe diſcuſſion. Ie confeſſe de plus, que pluſieurs deſdites opinions ſe trouuent en quelques Liures que i'ay mis en lumiere auant la cenſure, que le S. Siege en a faite, & que dans ces eſcrits elles y ſont ſouſtenuës au meſme ſens, qu'elles ſont reiettées, & condamnées. Enfin ie declare que dés maintenant ie les deſaduouë toutes, & que i'acquieſce à la condamnation, que le S. Siege en a faite, & que ie promets de iamais ne les enſeigner, ny auancer, ny deffendre. Fait à Louuain ce 24. Mars 1580. & ſigné au deſſous. Michel de Baij.

Le Lecteur apprend de cét acte public, que le D. de Baij reconnoit la condamnation de ſes propoſitions pour valide & legitime, meſme au ſens qu'il les auoit auancées, & ſouſtenuës : ce qui fait voir clairement qu'on n'a peu depuis dans l'affaire de Mr *Ianſenius*, ſe ſeruir de ce pretexte, pour ſe garentir de la condamnation que le Pape a fait du Liure de mondit ſieur *Ianſenius*.

CHAPITRE V.

De ce qui se passa à Louuain, à l'occasion
de quelques propositions du Pere
Leonard Lessius Iesuite.

LE P. Leonard Lessius enseignant à Louuain
la Theologie enuiron l'an 1587. la Faculté de
Theologie, ayant lors pour Chancelier Mr Michel de Baij, condamna quelques propositions de
ses escrits, & à son exemple la Faculté de Doüay
en fit autant. Quelques Euesques de Flandres re-
ceurent cette censure & la firent publier. Le Pape Sixte V. aduerty de ce qui se passoit, commanda à Mr Frangipani son Nonce d'aller à Louuain, où estant allé, & ayant oüy les deux partys,
il ordonna que les vns & les autres enuoyeroient
à sa Saincteté leurs memoires : Lessius les siens,
pour la iustification de ses propositions, & la Faculté pour la confirmation de sa censure : defendant cependant, iusques à ce que sa Saincteté en
eust autrement ordonné, de tenir ces propositions pour condamnées.

Ces propositions sont les cinq suiuantes :
1. *Homini post lapsum, Christi meritis dari à Deo au-*
xilium aliquod sufficiens, quod non sit semper efficax.
2. *Huiusmodi auxilium neque infidelibus, neque obdu-*
ratis vnquam negari, saltem quo possint, si velint, ad
maiora sensim auxilia, ac demum ad salutem peruenire.

D ij

3. Hominem excitatum ac præuentum à gratia posse per eandem gratiam cum auxilio concomitante, quod tum quodammodo est in ipsius potestate, consentire vel dissentire. 4. Non omnia quæ fiunt, esse à Deo efficaciter, & absolutâ voluntate præordinata, ac decreta ante omnem præuisionem determinationis causarum secundarum : v. g. sanctis Martyribus non esse certa supplicia destinata independenter à præuisa tyrannorum crudelitate. 5. Homines non esse absolutè electos ad gloriam ante omnem meritorum præuisionem, etsi ante eam electi sint ad gratiam, atque ita dici possunt independenter à meritis prædestinati. 1. Que l'homme aprés sa cheute reçoit de Dieu par les merites de IESVS-CHRIST quelque ayde suffisant, & qui n'est pas tousiours efficace. 2. Que Dieu ne refuse pas ny aux infideles, ny mesme à ceux qui sont endurcis dans le peché, cét ayde par lequel, s'ils veulent, ils peuuent pour le moins acquerir de plus grands secours, & enfin le salut. 3. Que l'homme excité, & preuenu de la grace, peut consentir par la mesme grace, & assisté d'vn ayde cooperant, qu'il a en quelque façon en son pouuoir, & qu'il peut aussi dissentir. 4. Qu'il y a quelques choses de celles, qui se font, que Dieu n'ordonne pas, ny ne decrete par vne volonté efficace, & absoluë, auant qu'il ayt preueu la determination des causes secondes. Comme par exemple, Dieu n'a pas resolu ny determiné de quels supplices les S. Martyrs seroient tourmentez, qu'aprés auoir preueu la cruauté des Tyrans. 5. Quoy que Dieu d'vne volonté absoluë, & independemment de toute preuision de merites, en choisisse quelques-vns pour leur donner sa grace , il ne le fait pas toutefois pour ce quiest de la gloire, & cette election à la grace suffit pour dire , que leur predestination n'est point dependente de leurs merites.

La censure portoit que ces propositions estoient offensiues, dangereuses , & quelles approchoient des erreurs des Heretiques. *Facultas censuit offensiuas , periculosas , Hæreticorum erroribus affines.* Ie n'ay pas voulu me seruir de ce que l'Autheur de la vie de |Lessius en dit , quoy qu'il ne differe point en substance, de ce que i'en ay dit, mais bien d'vn autre memoire, qui ne peut estre suspect , & dans lequel ie n'ay point trouué la sixiesme proposition qui est en la vie de ce Pere, & qui n'appartient point au subiet de la grace.

Ie m'asseure, Messieurs, que les Theologiens s'estonneront comment vne si sçauante Faculté, ayt entrepris de censurer des propositions qui deuant, & aprés Lessius, ont esté enseignées de plusieurs, & des plus grands Docteurs. Il se peut faire que quelques circonstances que nous ne sçauons pas, ayt donné occasion à cette censure : mais il est constant, que cela ayant fait du bruit au Pays-bas, M^r le Nonce du Pape enuoya les propositions à sa Saincteté , qui aprés les auoir leuës, commanda à son Nonce d'en faire le decret, ou sentence que nous lisons dans la vie du

Pere Leſſius , & de les declarer probables , &
ſans ſoupçon d'erreur. Ie ne rapporteray point
icy la ſentence de Mr le Nonce , parce qu'elle
eſt longue , & qu'on la peut voir ailleurs , me
contentant de remarquer, qu'il appelle ſaine la
doctrine de Leſſius, puis qu'il dit , qu'il a appris
qu'il y auoit des diſſentions entre les Theologiens de l'Vniuerſité de Louuain , & ceux de
la Compagnie de IESVS , ſur certains articles
d'vne ſaine doctrine. *Super quibuſdam ſanæ doctri-
næ articulis.* Ce que Mr le Nonce n'euſt eu garde
de faire, s'il n'en euſt eu ordre de Rome, comme
ſçauent ceux qui entendent le ſtyle de cette
Cour és controuerſes de la foy. Et le meſme
Nonce diſant, qu'il n'appartient qu'au Pontife
Romain ſucceſſeur de S. Pierre de decider , &
terminer les controuerſes de la Doctrine Chre-
ſtienne , ne teſmoigne-il pas clairement , qu'il
n'appelle point ſaine la doctrine de Leſſius , que
par le commandement de ſa Saincteté ?

C'eſt ainſi que ce differend fut terminé, & du
depuis pluſieurs Docteurs ont enſeigné de bouche & dans leurs eſcrits toutes ces propoſi -
tions.

CHAPITRE VI.

De la diſpute entre les Peres Dominicains,
& les Ieſuites pour Molina.

MONSIEVR De Sponde Eueſque de Pamiers, a ſuiet d'appeller faſcheuſe la diſpute qui fut entre les Peres Dominicains, & les
Peres Ieſuites, ceux-là accuſans le Pere Loüis
Molina Ieſuite d'auoir eſcrit en ſa Concorde,
pluſieurs propoſitions, condamnées dans les
Pelagiens, & Semipelagiens, & deffendans leur
confrere le Pere Dominique Bagnes, que les
Ieſuites accuſoient de tenir des opinions trop
ſemblables à celles de Luther, & de Caluin, prenans en contrechange la defenſe de leur confrere Molina. Car cette diſpute commença en
Eſpagne, où Molina fut trois fois appellé à l'In-
quiſition, ſon Liure y fut ſeuerement examiné,
& autant de fois approuué, & renuoyé exempt
de toute cenſure. Nonobſtant l'affaire fut traittée
à Rome, où par l'eſpace de cinq ans elle fut examinée en preſence de deux Papes Clement VIII.
& Paul V. On a donné au public l'hiſtoire ou le
narré des choſes qui y ſont auenuës, dont les
deux partys ne demeurerent pas d'accord : Mais
pour ne point diſputer des circonſtances qu'on
peut voir dans le Liure que le R. P. D. Pierre de
S. Ioſeph a eſcrit ſur ce ſuiet, auec ſa ſincerité,

clarté & folidité ordinaire : & dans le Liure du
P. Annat Iefuite *de fcientia media :* ie ne raporte -
ray icy que ce dont les aduerfaires de Molina
font d'accord.

On tient pour affeuré premierement , que
huit Peres Dominicains tres-capables , par ordre de leur Pere General leurent foigneufement
le Liure du P. Molina , & firent les extraicts des
propofitions qu'ils creurent les plus odieufes, &
efcriuirent contre toutes. Leurs efcrits furent mis
entre les mains des deputez, nommez par le Pape, qu'on dit auoir efté trente , tant Cardinaux,
& Euefques, que Theologiens reguliers. Les deputez s'affemblerent enuiron cinquante fois entre eux , pour examiner ce que les parties pro-
duifoient; & en fuite depuis le mois de Mars de
l'an 1602. iufques au 22. de Feurier de l'an 1606.
que la derniere conference fut faite en prefence
de Paul V. on conte 47. congregations, ou conferences tenuës deuant ces deux Papes Clement,
& Paul. Secondement , on dit auffi, qu'vn des
commiffaires ou deputez nommé François Pen-
na a laiffé dans fes memoires , que dés l'année
1601. les commiffaires eftoient entierement por-
tez à condamner Molina , & fa façon d'expliquer la fcience de Dieu, comme eftant vne in-
uention des Semipelagiens , reiettée par S. Auguftin. Que le Pape mefme eftoit refolu de le
condamner : ce qu'il euft faict, s'il n'en euft efté
empefché par fa mort. Tiercement, on adioufte

en-

encore, qu'aprés plusieurs congregations Clement auoit ordonné, que la question seroit decidée selon la doctrine de S. Augustin & de S. Thomas. 4. On sçait par les memoires, & les Lettres du Cardinal du Perron, que les Espagnols, que personne n'ignore auoir bien du credit à Rome, parmy les Prelats, & Reguliers, tels qu'estoient les deputez, se portoient auec beaucoup de chaleur contre Molina.

Cela presupposé, ne faut il pas aduouër, que la doctrine de Molina, est bien saine, & Catholique, & qu'on la peut suiure sans aucune crainte, ou le moindre soupçon d'erreur; puis qu'elle a esté examinée, & approuuée trois fois dans les Inquisitions de Castille, d'Arragon, & de Portugal. Elle a esté examinée à Rome auec vn soin extraordinaire. Elle a eu des Iuges non seulement peu fauorables, mais encore tout à fait contraires, si on en croit les aduersaires de Molina, & auec vne discussion telle, que ie ne croy pas, qu'on en ayt iamais fait de semblables, pour aucune question ou controuerse. Aprés tout cela le Pape Paul V. qui auoit assisté à toutes les congregations, qui sçauoit tres bien tout ce qui s'y estoit passé, porta sentence, & declara, que la doctrine de Molina, pouuoit estre enseignée dans les escoles, preschée dans les chaires, receuë sans crainte d'erreur : & fit defense à qui que ce soit, de censurer ou condamner aucune de ses propositions.

E

Celuy qui a eſcrit la vie du Cardinal Bellarmin chap. 20. dit, qu'il aſſeura conſtamment, au
Pape Clement, & au Cardinal du Mont, que le S.
Pere ne definiroit point cette queſtion, & que
s'il perſiſtoit en cette volonté, il mourroit auparauant : C'eſt pourquoy il y a grande apparen-
ce, que Clement VIII. a voulu condamner
Molina. Mais qui doute, qu'il n'ayt eſté mal
informé, puiſque ſçachant bien, que Molina
auoit eſté approuué par trois fois, & dans trois
Inquiſitions d'Eſpagne, il s'en pouuoit arreſter à
leurs iugemens? Dieu a voulu qu'il n'y euſt point
d'égard, afin que toute l'Egliſe fuſt authentique-
ment informée de la bonté, & probabilité de
cette doctrine, & qu'aucun veritable Catholique ne l'oſaſt plus condamner d'hereſie, ou d'erreur, aprés que le Iuge ſouuerain l'auroit approuuée, ou pour le moins permiſe.

Il n'eſt pas queſtion, ſi Clement l'a voulu
condamner, mais s'il l'a condamnée, & ie puis
dire, que ſi meſme il l'a voulu, il ne l'a pû, ſoit
qu'il ayt eſté deſabuſé, & n'ayt oſé rien faire
contre ſa conſcience, ſoit que Dieu n'ayt pas
permis, qu'il vſaſt de ſon authorité, autrement
qu'il ne falloit, condamnant vne bonne, &
ſaine doctrine. Enfin ſi Clement a voulu condamner Molina, il ne l'a pas voulu par l'inſpi-
ration du S. Eſprit, qui a porté Paul V. à faire
le contraire; & c'eſt faire tort à ce grand Pape,
que de luy faire vouloir tout le contraire de ce

que ſes ſucceſſeurs ont fait, parlans en Papes,
Iuges ſouuerains, & infaillibles. Que les aduerſaires de Molina diſent, declament, & eſcriuent
tout ce qu'ils voudront, & tout ce que leur paſſion leur peut ſuggerer contre les Peres Ieſuites: Pour leur fermer la bouche, s'ils ſont capables de quelque raiſon, ou de honte, Molina n'a
qu'à dire, que perſonne de ceux, qui pouuoient
eſtre ſes Iuges legitimes, ne l'a condamné , &
que non ſeulement Paul V. mais encore Vrbain V I I I. l'a pris en ſa protection, & defendu à tout Chreſtien de le traiter ny d'heretique, ny de ſuſpect en ſa doctrine.

Eſcoutons ce qu'en dit Mr de Pamiers en ſes
annales à l'an 1606. *Paulus V. Pontifex Romanus
diſputationes de graui illa ac moleſta controuerſia de
diuinæ gratiæ auxiliis, & libero arbitrio, quam inter
religioſos Prædicatores, & Societatem* I E S V *ſub Cle-
mente agitatam innuimus, quibus ipſe Paulus cum
cæteris Cardinalibus congregationis ſemper interfuerat,
conticeſcere iuſſit : ſanxitque poſtmodum, vt vtriſque,
dum aliud decerneretur, liberum eſſet ſuam ſententiam
in ſcholis modeſtè tueri, ſed ſine damnatione alterius
partis.* Le Pape Paul V. fit ceſſer ces importantes
& faſcheuſes diſputes excitées entre les Peres
Dominicains, & les Ieſuites, touchant les aydes
de la Grace de Dieu, & du franc arbitre, qui
auoient commencé ſous Clement V I I I. & auſ-
quelles le meſme Pape Paul V. auoit touſiours
aſſiſté auec les autres Cardinaux de cette depu-

tation, enioignant aux deux parties, en atten-
dant, que le S. Siege ordonnaſt autrement, de
tenir dans les eſcoles, ce qu'elles voudroient
pour ce ſuiet, pourueu toutefois, que ce fuſt
modeſtement, & ſans condamner ceux, qui ſont
de l'opinion contraire. C'eſt ce que les Peres
Dominicains, & les Ieſuites ont fait, & font
tres religieuſement.

CHAPITRE VII.

Quelques reflexions ſur ce qui a eſté dit.

IE prie le Lecteur de faire icy quelques reflexions. La premiere eſt, que c'eſt à tort, que
l'Abbé de S. Cyran dans ſon *Aurelius* auec ceux
de ſa faction veulent faire paſſer les Ieſuites
pour Moliniſtes, pretendant les taxer par ce
nom de l'hereſie des Pelagiens, puis qu'ils ne ſont
pas plus Moliniſtes, que Suariſtes, Vaſquiſtes,
ou Sectateurs de quelqu'vn de leurs Theologiens. Leur ſocieté ne s'attache à aucun particulier, chacun y eſt libre, pourueu qu'il ne s'eſ-
carte point de la doctrine de l'Egliſe, ny de celle qui eſt communément receuë dans les Vniuerſitez Catholiques; & Valentia qui fut le
premier employé pour deffendre Molina, pro-
teſta hautement, que ny luy, ny ceux de ſa
Compagnie, ne defendoient la doctrine de
Molina, comme la leur, mais ſeulement par-

ce qu'ils ne la iugeoient point erronnée , ny
dangereuse : en effet le mesme Valentia auoit
defia donné au public sa Theologie , & ses sentimens, tous differents de ceux de Molina.

La seconde reflexion est , qu'on ne peut re-
procher à aucun d'estre Moliniste , n'y le traiter d'heretique , sans condamner les Papes d'erreur , & d'heresie , puis que Paul V. aprés auoir
si exactement examiné la doctrine de Molina , l'a
permise , & le S. Siege iusques à present a tenu
en sa communion , ceux qu'il sçait l'enseigner ,
& la defendre. Si ces Messieurs, qui employent
le nom de Moliniste pour vne iniure , estoient
tels , qu'ils deuroient estre , & dans les sentimens vrayement Catholiques , oseroient-ils condamner ceux , que le S. Perea si solemnellement
iustifiez de toute calomnie?

De tout temps il n'y a point eu de marque plus
asseurée de la bonté d'vne doctrine, ny de preuue plus authentique , qu'elle est Catholique, que
lors qu'on l'a veuë , receuë ou permise dans
l'Eglise de Rome. Les anciens Heretiques ont
recherché auec tant d'ambition l'honneur d'estre
dans la communion du Pape , qu'ils ont fait
tous leurs efforts pour le surprendre, & obtenir
son adueu. Chez les SS. Peres ç'a tousiours esté
vne mesme chose, que d'estre de la Communion
de l'Eglise de Rome , & d'estre Catholique : & il
n'y a que les Heretiques de ces derniers temps,
qui ont reproché aux Catholiques d'estre Papi-

ftes. Meſſieurs vous condamnez, & reiettez les Moliniſtes, & le S. Pere vous dit ce que S. Celeſtin reſpondit à ceux, qui taxoient d'erreur la doctrine de S. Auguſtin, qu'il a veſcu, & eſt mort dans la Communion de ſes Predeceſſeurs, *Auguſtinum ſanctæ recordationis virum in noſtra communione ſemper habuimus.* S. Hierôme proteſte, qu'il tient pour Catholiques ceux, qu'il ſçaura eſtre de la Communion Romaine : & dans ſon apologie, qu'il eſcrit à Pammachius contre Ruffin, il ne fait point de difficulté de le reconnoiſtre pour Catholique, ſi ſa foy eſt conforme à celle de Rome. S. Cyprian dit dans l'Epiſtre 3. Liure 1. que les Nouatiens ont en vain tenté d'auoir l'approbation des Pontifes Romains. *Ad quos perfidia habere non poſſit acceſſum,* auprés deſquels la perfidie, & l'erreur n'ont iamais pû auoir d'accés. Et vous croirez pouuoir, ſans vne temerité indigne d'vn Catholique, mettre au nombre des Heretiques ceux que, ſi la Paſſion ne vous rend tout à fait aueugles, vous voyez clairement eſtre entierement reconnus pour orthodoxes par le Iuge infallible de tous les fidelles, & ce dans des circonſtances telles, qu'on ne le peut ſoupçonner de ſurpriſe ou de conniuence, & de diſſimulation ; veu nommément, que dans le conclaue, auquel Paul V. fut eſleu, tous les Cardinaux iurerent, que celuy, qui ſeroit eſleu Pape termineroit cette diſpute dans vn an.

La troiſieſme reflexion eſt, que puiſque Cle-

ment VIII. ordonna, qu'on decidaſt la queſtion
ſelon les ſentimens de S. Auguſtin, & qu'il voulut, qu'on s'arreſtaſt à l'authorité de ce grand
Docteur de l'Egliſe ; il faut inferer neceſſairement, que la doctrine de Molina, ne s'eſt point
trouuée contraire ny à la doctrine de l'Egliſe,
ny en particulier à celle de S. Auguſtin, puiſque cette contrarieté eut eſté infailliblement ſuf-
fiſante pour la faire condamner.

CHAPITRE VIII.

*Que la diſpute entre Molina, & Bagnes
n'eſt point celle de ce temps.*

LA quatrieſme reflexion eſt, que ce n'eſt
point ſans vne grande malice, ou vne ignorance bien groſſiere, qu'on confond la diſpute
& la doctrine de Molina auec celle de ce temps;
puiſque ce ſont ſuiets entierement differents, &
que Molina n'a rien de commun auec ledit Michel de Baij, ny auec M^r d'Ipres. Le R. P. Pierre
de S. Ioſeph Feüillant dans le chap.6.de la premiere partie du 1. examen de la Theologie du temps
rapporte bien au long les douze propoſitions de
Molina, qui furent miſes ſur le tapis deuant ſa
Sain_teté, & qui furent examinées auec tant
de ſoin : En toutes ces propoſitions, il n'eſt aucunement parlé de l'impoſſibilité des commandemens de Dieu, qui eſt la doctrine de Baius,

& de *Ianfenius* : ny comment Dieu veut le falut de tous les hommes : ny fi Iefus Chrift eft mort pour tous les hommes, ou feulement pour les predeftinez : ny fi c'eft vn erreur des femipelagiens de dire, que la grace eft telle, que la volonté de l'homme luy peut obeïr ou refifter : non plus que celle-cy, qu'il n'y a point de grace fuffifante de Iefus-Chrift, & que cette forte de grace eft telle, que le diable la donneroit, & procureroit volontiers, s'il fçauoit, qu'elle fut poffible : ny fi la liberté requife pour meriter, ou pecher, eft compatible auec la neceffité, ou fi elle exclud feulement la contrainte, & la violence : ny encores fi la grace qui fut donnée à Adam dans l'eftat de la iuftice originelle luy eftoit deuë, & confequemment n'eftoit point grace, à proprement parler : ny fi quelqu'vn commettant ce qui eft de foy peché, eft coupable deuant Dieu, quoy qu'il agiffe par vne inuincible ignorance du mal, qu'il fait : qui font tous articles de *Ianfenius*, fur lefquels iamais Molina n'a efté attaqué.

Dans la difpute entre les Peres Dominicains, & les Peres Iefuites, tous prefuppofoient comme principe affeuré, qu'il y auoit deux fortes de graces ; les vnes eftans fuffifantes, les autres efficaces : & iamais ny eux, ny les Iuges deputez n'en douterent. Secondement, ils admettoient pour principe indubitable, que le franc arbitre eft dans l'indifference à agir ou à ne pas agir, &

que

que nonobſtant l'ayde, & le concours de la grace efficace, il faut reconnoiſtre dans la volonté
cette indifference. *Ianſenius* le nie autant contraire en cela, aux Dominicains, qu'aux Ieſuites:
mais Bagnes maintenoit ſeulement, que la neceſſité, qui dans la volonté naiſt de l'efficacité de
la grace, *in ſenſu compoſito*, pour vſer de ſes termes, c'eſt a dire y comprenant la motion, que
cette efficacité porte auec ſoy, quoy qu'elle ne-
ceſſite la volonté à agir, puiſqu'elle la fait agiſ-
ſante, ne viole point le droit, que la volonté a
ſur ſon action libre, & n'empeſche point ſa liberté, & ſon indifference.

Ie trouue toutefois, que Bagnes dit dans ſa 6.
propoſition, que la liberté ne conſiſte pas en
l'indifference d'agir, ou de ne pas agir ; mais en
ce que l'obiet, que nous conceuons eſt indiffe-
rent. Par où il eſt ayſé de voir, qu'il condamne ces nouueaux Docteurs, qui mettent cette
liberté dans l'amour, que Dieu ſe porte, & celuy que les bien-heureux ont pour Dieu. Dauantage Bagnes ne dit pas, que cette liberté, qui
n'a que l'indifference de ſon obiet, ſoit ſuffiſan-
te pour meriter, & demeriter. Enfin Bagnes
n'aſſeure point, que la liberté n'eſt point offen-
cée par aucune autre neceſſité, que celle, qui eſt
de contrainte & de violence : & Aluares vn des
principaux defenſeurs de Bagnes, & aduerſaires
de Molina, dans la diſpute 3. *de auxiliis*, nombre
18. condamne d'hereſie Caluin, lors qu'il dit que la

F

grace de Dieu eſt de ſoy tellement efficace, que noſtre volonté ne coopere point auec elle librement, mais ſeulemét de bon gré, & ſans contrainte. *Hæreſis Lutheranorum affirmat gratiam Dei ita eſſe efficacem ex ſeipſa, vt noſtra voluntas eidem non cooperetur liberè, ſed ſolum ſpontaneè, vltrò, & non coactè.*

Si Molina dans ſa propoſition onzieſme dit, qu'vn homme peut par les ſeules forces de ſon libre arbitre faire des actes de foy, d'amour de Dieu, de contrition, qui ne ſoient pas neantmoins ſurnaturels, ny tels qu'ils ſoient meritoires de la vie eternelle; contre laquelle ces Docteurs paſſionnez declament ſi puiſſamment, & font des inuectiuès indignes d'vn eſprit de Docteur, & d'vn Catholique meſme : le ſuſdit Molina ne doit pas eſtre condamné pour cela, puis que le Docteur de Baïj l'auoit eſté par Pie V. & Gregoire XIII. pour auoir voulu cenſurer la diſtinction de deux amours de Dieu; l'vn naturel, qui l'aime comme Autheur de la nature; & l'autre gratuit, qui regarde Dieu, comme celuy qui donne la beatitude : & Baïj appelle cette diſtinction, fauſſe, imaginaire, & inuentée pour eluder diuerſes ſentences des ſainctes Eſcritures, & des anciens. Il dit que l'amour naturel, qui peut eſtre produit par les forces de la nature, n'eſt defendu de quelques-vns, que par de fauſſes maximes de la Philoſophie, & par des ſentiments de la preſomption humaine, faiſant tort à la Croix de Ieſus-Chriſt, & que quiconque reconnoit au-

cun bien naturel, c'eſt à dire, qui prend ſon origine des ſeules forces de la nature, celuy-là eſt
Pelagien. *Diſtinctio illa duplicis amoris, naturalis vi-*
delicet, quo Deus amatur vt author naturæ, & gra-
tuiti quo Deus amatur vt beatificator, vana eſt &
commentitia, ad illudendum ſacris litteris, & plurimis
veterum teſtimoniis excogitata. Amor naturalis qui ex
viribus naturæ exoritur, ex ſola philoſophia per ela-
tionem præſumptionis humanæ, cum iniuria crucis
Chriſti defenditur à nonnullis Doctoribus. Cum Pela-
gio ſentit, qui boni aliquid naturalis, hoc eſt, quod ex
naturæ ſolis viribus ortum ducit, agnoſcit.

Monſieur noſtre Abbé dans ſa ſeconde Lettre chap. 4. s'échaufe fort contre Molina, de ce
qu'il a dit, qu'encore que Ieſus-Chriſt ne fuſt
pas venu, l'homme dans ſon eſtat malheureux
du peché originel euſt pû auoir quelques aydes
purement naturels, & abſolument neceſſaires,
pour ne pas pecher contre la loy naturelle. *Voi-*
la, dit-il, *l'abiſme où cét Autheur s'eſt precipité, c'eſt*
la ſageſſe de la parole qui euacuë la croix de Jeſus-
Chriſt : c'eſt l'opinion eſtrange de cét inuenteur de nou-
uelles routes en la doctrine de la celeſte grace. Mais ce
ieune Docteur ne trouueroit point cette doctrine nouuelle, & n'en feroit point inuenteur Molina, ſi de ces ſix ou ſept ans qu'il eſtudie les my-
ſteres de la grace dans l'*Auguſtin reformé* de *Ianſe-*
nius, il en euſt employé quelques-vns à lire Drie-
do, Tapperus, Dominique Soto, Vega, & tant
d'autres, qui ont precedé Molina, ſans parler

des anciens, où il euſt trouué ces routes inco-
nuës à ſon eſprit, déia fraiées, & frequentées par
ces grands Theologiens.

CHAPITRE IX.

Du Liure de Monſieur Ianſenius, intitulé, Auguſtinus.

ON dit qu'il y a de certains fleuues, qui a-
prés auoir couru de grands pays auec pom-
pe & grand bruit, diſparoiſſent & ſe perdent ſous
terre; mais à quelques lieuës de là ils deſcouurent
leurs deſcharges plus impetueuſes, & retournent
à leur premiere grandeur. Ne ſembloit-il pas
que la doctrine de Baius receuë auec tant d'ap-
plaudiſſement dans l'Vniuerſité de Louuain,
& trouuant entrée iuſques dans les plus ſainctes
Communautez, auoit eſté arreſtée par les Cen-
ſures Apoſtoliques, & qu'elle eſtoit fonduë dans
les deſadueus de ſon Autheur, ſans laiſſer aucun
veſtige, que dans la memoire de ceux qui l'auoient
veuë naiſſante & eſtouffée quaſi au meſme temps :
neantmoins elle ſe monſtre de nouueau dans Mr
Corneille Ianſenius, Holandois de naiſſance, que
Mr l'Abbé de S. Cyran ayant connu à Louuain,
appella au College de Bayóne, pour y enſeigner la
Rhetorique. Il a eſté du depuis Docteur de Louuain, & ſur la fin de ſa vie il fut fait Eueſque d'I-
pres, pour recompenſe de ce bel Ouurage *Mars*

Gallicus, ſi outrageux à la France. Ce perſonnage
s'eſtant eleué au throſne par les outrages faits à
noſtre nation, a gardé dans ſon cœur cette mauuaiſe doctrine touiours cachée : & quoy qu'il ait
leu quelques années la Theologie poſitiue dans
l'Vniuerſité de Louuain, non ſeulement il ne teſ-
moigna iamais pendant ſa vie, ny dans ſes leçons,
ny dans ſes diſcours, qu'il fauoriſaſt la doctrine de
Michel de Baij ; mais au contraire prenant les de-
grez il iura trois ou quatre fois qu'il l'a condamnoit, acceptant les Bulles de Pie V. & de Gregoire
XIII. Aprés ſa mort, Mr Fromond ſon intime
amy, & executeur de ſon teſtament, fit imprimer
ſecretement le Liure intitulé *Auguſtinus,* qui parut l'an 1640. Le remede fut prudemment appli-
qué ſur le mal, ſelon l'aduis de Celſus, qui dit, *Ve-*
nenata , & acuta inducias non patiuntur , il les faut
promptement ſecourir. Car l'an ſuiuant, qui fut
1641. le 1. iour d'Aouſt, Vrbain VIII. en defen-
dit la lecture, auec quelques autres ouurages im-
primez pour & contre ce Liure. La cauſe de cette cenſure ou prohibition fut, parce qu'ils traitoient *de auxiliis,* contre la defenſe, que Paul V.
& le meſme Vrbain VIII. en auoient faite.
Cette Bulle ne touchoit en façon quelconque
la doctrine de ces Liures. Mais l'an ſuiuant qui
fut 1642. le ſixieſme iour de Mars, Vrbain cen-
ſura le Liure de Mr *Ianſenius ,* parce qu'ils con-
tenoit pluſieurs des propoſitions condamnées dans de Baij, par les Bulles de Pie V. & Gre-

goirè XIII. qu'il insera dans sa Bulle, & les confirma.

On aura de la peine à croire les artifices, dont quelques-vns se seruirent dés lors, pour taxer de nullité cette derniere Bulle : les Iesuites, que l'heresie fait passer pour Autheurs de tout le mal, qui se fait au monde, n'y furent pas oubliez : car ceux du party de *Iansenius* les accuserent de l'auoir supposée, & du depuis ils ont attribué à leurs artifices tout ce qui s'est fait, nommément à Rome, & à Paris contre la doctrine de ce Liure là ; & de fraische datte, ils ont escrit dans leurs Libelles pleins de faussetez & de calomnies, que les Iesuites auoient sollicité Messieurs les Docteurs de Paris, à se declarer contre certaines propositions de cette doctrine là, qui furent presentées à la Faculté, dans la premiere assemblée du mois de Iuillet dernier ; & pour donner quelque couleur à leur fausseté, ils ont semé par tout, que quelques Iesuites en auoient menacé quinze iours deuant cette assemblée là, & qu'on en auoit lettres enuoyées de la basse Normandie : qui sont pures calomnies, comme on l'a reconnu, lors qu'on s'en est informé.

C'est vne artifice, qui ne leur a pas mal reussy, pour authoriser leur doctrine : car à force de crier & d'escrire, ils ont persuadé à plusieurs, que ny M^r d'Ipres, ny eux, n'en veulent qu'aux Iesuites, qu'ils appellent Molinistes, & veulent faire passer pour Heretiques Pelagiens, & Semipela-

giens : & comme ces Peres ne manquent pas
d'ennemis , & de perſonnes qui eſpouſent auec
paſſion tout ce qui eſt contre eux; pluſieurs ſe
ſont declarez fauteurs de cette doctrine par ia-
louſie , qu'ils ont contre eux. D'autres ſe ſont
laiſſez eſbloüir par ce ſpecieux, & eſclattant nom
de la doctrine de S. Auguſtin. I'ay oüy dire à vn
des plus celebres Docteurs de Sorbonne, que luy,
& quelques autres, croyans que toutes ces menées
ne tendoient , qu'à deſcrier les Ieſuites, ils n'en
firent point de cas au commencement, comme
ils ont fait aprés , qu'ils ont reconnu , qu'on en
vouloit à la doctrine de l'Egliſe, qui a eſté touiours maintenuë , & enſeignée dans la Faculté
de Paris. Ce qui a fait dire à pluſieurs qu'on
leur faiſoit tort, & trop d'honneur aux Ieſuites,
de les faire les vniques aduerſaires d'vne doctrine
nouuelle, & condamnée par l'Egliſe.

Mais retournons à la Bulle, qui condamne le
Liure de Mᵣ *Ianſenius*. On y remarque qu'ayant
eſté faite dés le 6. du mois de Mars, l'an 1642.
elle ne fut publiée, qu'au mois de Iuin de l'an
1643. Ce qui donna vn pretexte ſpecieux aux
partiſans de Mᵣ *Ianſenius*, de dire que la Bulle
auoit eſté ſuppoſée, eſtant hors de toute appa-
rence , que la publication en euſt eſté differée ſi
long-temps: Ils adiouſtoient , que dans la cop-
pie enuoyée à Louuain , au lieu de l'an 1642. on
liſoit l'an 1641. ne prenans pas garde, ou ne ſça-
chans pas, qu'és Bulles , les années de noſtre Sei-

gneur ne se commencent, qu'au 25. Mars, quoy
que dans les brefs ou expeditions, qu'on en fait,
pour s'accommoder au style ordinaire , on
commence l'année dés Ianuier , & ainsi le 6.
Mars, que la Bulle fut dattée, estoit dans l'année 1641. selon le style de la Cour de Rome pour
les Bulles, & dans l'année 1642. selon le style ordinaire. Pour leuer tous les doutes , & les op-
positions, qu'on faisoit à la reception de cette
Bulle , l'an 1644. le 24. iour d'Octobre, le Pape
Vrbain enuoya six brefs au Gouuerneur des
Pays-bas , à Messieurs les Archeuesques de Malines, & de Cambray , à M^r l'Euesque d'Anuers,
& aux Vniuersitez de Louuain , & de Doüay,
par lesquels sa Saincteté asseure, que la Bulle est
vraye , faite , & publiée és iours, & années cot-
tées cy-dessus.

CHAPITRE X.

La condamnation du Liure de Monsieur Iansenius est confirmée.

ALORS quelques-vns de l'Vniuersité de
Louuain enuoyerent à sa Saincteté deux
deputez, les Docteurs Iean Sinnich , & Corneille
de Pape, ou, comme il est escrit en Latin, Papius,
qui firent tous leurs efforts pour obtenir la reuo-
cation de la Bulle , ou au moins quelque mo-
dification ou declaration , qui pust en quelque

fa-

façon feruir d'excufe à l'*Auguftin* de M^r d'Ipres. Lé S. Pere les renuoya à la congregation du fainct Office, ou de l'Inquifition, à laquelle ils firent inftance qu'on mift cette interponction ou virgule, de laquelle le Docteur Michel de Baij s'eftoit voulu feruir. Ils furent ouys en prefence des Cardinaux Spada, Pamphilio, qui eft Innocent X. & Falconnieri, & pour toute refponfe ils eurent commandement de fe taire, & d'accepter la Bulle, telle qu'elle auoit efté enuoyée en Flandre. Le decret de cette Congregation eft en datte du 16. Iuin 1644. en fuite duquel, Innocent X. enuoya quatorze Brefs à diuerfes perfonnes de Flandres, & aux trois Vniuerfitez de Paris, de Louuain, & de Doüay, où il fçauoit qu'on auoit voulu douter de la validité de cette Bulle.

L'Autheur de l'*Auis au Lecteur*, & qui a fait imprimer la *Lettre*, à laquelle ie refponds, dit en fa page 4. qu'Vrbain VIII. a fait cette Bulle, pour arrefter les cris & les plaintes, que formoient qnelques-vns à Rome, & par tout ailleurs, contre ce Liure. Et M^r l'Abbé en fa *Lettre*, page 40. dit, que la Bulle ne difant autre chofe, finon que beaucoup de propofitions fe trouuent dans l'Euefque d'Ipres : & que comme quelques-vnes de celles de Baius ne font que fcandaleufes, ou fufpectes ; on doit appliquer cette Cenfure felon fes termes les plus doux à celles de M^r d'Ipres, fi on reconnoift tres-euidemment qu'elles font de S. Auguftin. Il adioufte, pour vn entier adouciffement,

G

que la qualité de proposition scandaleuse ou suspecte se peut donner par accident aux maximes les plus sainctes & les plus Catholiques.

Mais ie responds à ce donneur d'Auis, que M.r son Abbé le dement, auoüant que la seconde Bulle a condamné quelques propositions du Liure, & n'a pas seulement esté faicte pour faire cesser les plaintes, comme la premiere fut faicte, qui pour ce suiet comprend tous les Liures escrits pour & contre M.r Iansenius.

Pour ce que dit M.r l'Abbé, on luy nie qu'aucune des propositions condamnées dans de Baij, & en suite dans M.r d'Ipres, soit de S. Augustin, dans le sens que leur donnent ces Docteurs condamnez par le S. Siege : & quoy que peut estre S. Augustin en aye pû aduancer quelques-vnes; si est-ce qu'elles ne peuuent estre maintenant scandaleuses, ou suspectes, que parce qu'elles sont des propositions des heretiques modernes, & signifient leurs erreurs : & c'est assez pour obliger tout bon Catholique à les reietter & condamner. Que ces Messieurs prennent la peine de considerer les paroles de la Bulle. *Cùm ex diligenti & matura eiusdem Libri, cui titulus Augustinus, lectione postmodum compertum fuerit, in eodem Libro multas ex propositionibus à prædecessoribus nostris olim, vt præfertur, damnatis contineri, & magno cum Catholicorum scandalo, & authoritate dictæ Sedis contemptu, contra præfatas damnationes & prohibitiones defendi. Nos huic malo in scandalum totius Reipublicæ Christianæ, & fidei Catholicæ perniciem vertenti, opportunum remedium adhibere volentes.* Le Pape dit, qu'aprés qu'on a leu soigneusement, & à loisir le Liure, on a trouué, que non seulement vne ou deux & quelques-vnes, mais plusieurs propositions de celles, qui auoient esté condamnées par ses predecesseurs, font soustenuës, auec le grand scandale des Catholiques, & mespris de l'authorité du S. Siege : & parce qu'on pourroit douter, que ce scandale ne fust au mespris des prohibitions ou defenses, que le S. Siege auoit fait d'escrire *de auxiliis :* le S. Pere dit qu'il fait cette Bulle, & condamne cette doctrine, & ces propositions, afin d'apporter vn remede propre au mal, qui va au scandale de toute la Chrestienté, & à la ruine de la foy Catholique. Si le S. Pere n'eust voulu censurer que quelques propositions suspectes ou scandaleuses par accident, & au reste sainctes & Catholiques, ne se fust il pas contenté de dire, qu'elles alloient au scandale de toute la Chrestienté, sans y adiouster la ruine de la foy Catholique ? pour laquelle puis que M^r l'Abbé est zelé au poinct, qu'il dit sur la fin de sa Lettre, l'espere qu'il profitera de ces Aduis, & considerations, que ie viens de luy suggerer.

RESPONSE

A LA LETTRE D'VN ABBÉ,

Touchant cette Question:

Si en la matiere de la Grace S. Augustin
doit estre l'Interprete du Concile
de Trente.

CHAPITRE I.

Ce que Monsieur l'Abbé en a escrit.

AFIN d'agir auec M^r l'Abbé, & examiner
sa doctrine auec plus de methode & de
clarté, qu'il ne l'a pas proposée, ie la rapporteray le plus brieuement & clairement que ie pour-
ray ; & puis ie considereray les raisons, desquelles il se sert pour nous la persuader : & en fin ie
tascheray de faire voir ce que tout bon Catholique en doit croire. M^r l'Abbé en sa page 1. met
en auant cette proposition : *Qu'en la matiere de la
Grace les lieux du Concile de Trente , du sens desquels
on ne conuient pas entre les Catholiques , doiuent estre
interpretez par S. Augustin , que ce Concile suit principalement en ce suiet , non dans les choses seulement,
mais dans les termes.* En suite il monstre fort bien,
qu'on ne peut pour cela l'accuser de vouloir es-

galer S. Auguſtin en authorité à ce Concile : C'eſt
le meſme reproche que nous font les Heretiques,
quand nous leur diſons que l'Eſcriture Saincte
doit eſtre entenduë ſelon l'interpretation de l'E-
gliſe : Mais auſſi Mʳ l'Abbé me pardonnera, ſi ie
luy dis, que pour iuſtifier ſa doctrine, il ſe ſert
de raiſons aſſez foibles.

Veut-il que dans l'Egliſe le Concile tienne le
meſme lieu, & aye la meſme authorité, que le
Roy a dans ſon Eſtat, & que S. Auguſtin en ſoit
comme le Chancelier ? S'il ne le veut pas, il ſe
ſert mal de cet exemple, dans ſa page 2. S'il le veut,
aſſeurement il ſe trompe. Car dans l'Egliſe Dieu
ſeul eſt le Roy & le ſouuerain, qui ſeul nous re-
uele ce que nous deuons croire, & la foy qui
nous fait Chreſtiens, n'a point d'autres motifs,
que la parole de Dieu. L'Egliſe eſt bien iuge de
nos controuerſes & de nos doutes : mais elle nous
eſt auſſi l'interprete fidele des veritez & des vo-
lontez de Dieu, elle ſeule ayant l'infaillibilité
neceſſaire pour aſſeurer noſtre creance, peut nous
obliger à receuoir les Eſcritures ſainctes, & les
traditions telles & en tel ſens qu'elle nous les propoſe & explique : Elle eſt comme le Chancelier,
qui comme Iuge auec authorité & pouuoir d'o-
bliger les ſubiets du Roy, en interprete ſes loix
& ordonnances. Ainſi voyons nous que les Parle-
ments donnent quelquefois des Arreſts en interpretation des loix. S. Auguſtin n'a en ce poinct
autre pouuoir & authorité que de Docteur, &

tel qu'ont les Iurifconfultes, qui entant que tels, font confultez, & donnent leur aduis, qui n'ont point la force & l'authorité des Sentences, ou des Arrefts, que les Iuges donnent. C'eft auffi ce que M^r l'Abbé reconnoift comme maxime indubi-table entre les Catholiques. Mais par quelle forte de raifonnement veut-il inferer cette confequence, puis que le Concile de Trente dans le fuiet de la Grace n'a point eu deffein de condamner S. Auguftin, mais pluftoft de le fuiure & de prendre la doctrine de ce grand Maiftre de la Grace, pour regles de fes definitions : il s'enfuit que ce mefme S. Auguftin en doit eftre l'Interprete ?

Si ce raifonnement a quelque probabilité, ne puis-ie pas dire plus raifonnablement, que tous les Conciles faifans vne profeffion folemnelle, de s'attacher vniquement à la parole de Dieu, que mettans l'Efcriture faincte au milieu de leur affemblée fur vn trofne, proteftans par cette ceremonie, qu'ils la veulent prendre pour regle de leurs definitions touchant la foy, fi par aprés il y a quelque conteftation entre les Catholiques, pour l'intelligence des mefmes Conciles, on doit prendre la mefme Efcriture, pour l'interprete des Conciles. Si cela eft, M^r l'Abbé, certainement nous auons grand tort, de nous oppofer aux Heretiques, qui ne veulent autre interprete de l'Efcriture faincte, que la mefme Efcriture : car fi nous leur accordons vne fois, que l'Efcriture eft l'interprete des Conciles, ceux-cy ne peuuent pas eftre les interpretes de l'Efcriture.

CHAPITRE II.

La premiere confideration du fieur Abbé, eft examinée.

VOICY vne feconde obiection de Mr l'Abbé. Le Concile de Trente n'empruntant pas feulement les opinions, mais encore les paroles de ce grand Docteur, eft-il pas autant iufte de pretendre, qu'il le faut expliquer par S. Auguftin, aux lieux où il employe les paroles de S Auguftin, qu'il eft iniufte de s'imaginer, que le Concile ait voulu employer les expreffions de S. Auguftin, pour condamner S. Auguftin. C'eft la premiere confideration, que Mr l'Abbé nous reprefente.

Quelle confideration eft celle-cy ? I'en appelle à Mr l'Abbé, quand il voudra prendre le loifir de faire reflexion fur fon raifonnement. Car qui a iamais eu la moindre penfée, que le Concile ait eu deffein de condamner S. Auguftin ? Qui eft l'homme de bon fens, qui ne voye pluftoft, qu'il a voulu fe feruir des paroles de ce S. pour leur donner le vray fens Catholique, & non pas celuy, que les Heretiques leur donnent, pour y trouuer leurs herefies ?

Notez ie vous prie, mon cher Lecteur, que le Concile de Trente employe les paroles de S. Auguſtin, tout ainſi que le meſme Concile à l'imitation de tous les autres, & tout ainſi que S. Auguſtin luy meſme employe les paroles de l'Eſcriture ſaincte, qu'il interprete. Remarquez encor, ce qui eſt tres-conſiderable, que le Concile de Trente, ne rapporte iamais les ſentences, ou paroles de S. Auguſtin, qu'il n'en inſere, & ny en adioute quelques autres, qui leur ſeruent de commentaire, & d'interpretation : en voicy des exemples.

S. Auguſtin auec les Conciles de Carthage, & de Mileui, ont dit, que la grace eſt neceſſaire non ſeulement, pour nous faciliter les commandemens de Dieu, mais encore pour pouuoir abſolument garder, ce qui eſt de la iuſtice. Et le Concile de Trente Seſſ. 6. can. 2. a adiouté à deſſein, *& pour meriter la vie eternelle*, ne voulant point condamner ceux, qui tiennent, qu'on peut ſans la grace, auoir quelque iuſtice naturelle, qui toutefois ne ſoit aucunement meritoire de la vie eternelle.

Au canon 3. le Concile a adiouſté ces paroles, *vt eis iuſtificationis gratia conferatur*, qui ne ſont point du tout dans le canon 6. du 2. Concile d'Orenges, c'eſt pour expliquer plus nettement à quelles actions de foy, & d'eſperance, d'amour, & de penitence la grace eſt neceſſaire.

Au

Au Chap. 4. employant ces paroles de S. Augustin du Chap. 43. *de nat. & gratia. Deus impossibilia non iubet, sed iubendo monet, & facere quod possis, & petere quod non possis*, il adioute les suiuantes, *& adiuuat vt possis*, qui decident la question de l'impossibilité des commandemens de Dieu, qui est vne des heresies de ce temps. C'est ce qui nous doit faire dire tout le contraire à ce que Mr l'Abbé infere en sa premiere consideration, & conclure que le Concile est interprete des paroles de S. Augustin, dont il se sert, & non pas que S. Augustin doit estre l'interprete du Concile. I'aduouë que lisant la premiere fois cette premiere consideration, i'en fus surpris, & ne pouuant croire qu'vn homme tel, que l'Aduis au Lecteur nous le descrit, *d'vn merite tout extraordinaire, d'vn profond & vaste sçauoir, d'vn esprit sublime, d'vn grand & clairuoiant iugement*, nous donnast pour consideration, vne pensée si peu iudicieuse: ie ne croyois pas à mes yeux, ny que ie leusse ce que ie lisois; iusques à ce que relisant, & conferant attentiuement toutes les parties de son raisonnement, Enfin ie n'y trouuay, que ce qu'il dit, que S. Augustin doit estre l'interprete du Concile de Trente, puis que ce Concile, non seulement suit les opinions de ce S. Docteur, mais encore il vse de ses propres termes.

Arrestez vous vn peu, & examinez si cette consequence est raisonnable, elle doit estre tirée de cette proposition generale: Que nous de-

H

uons prendre pour interpretes des Conciles fui-
uans, les Peres & les efcrits de ceux, qu'on fçait
affeurément auoir voulu fuiure leurs fentimens,
& fi exactement, qu'ils fe font mefme feruis de
leurs paroles, & expreffions. Que fuit-il de là,
finon cet erreur: que quiconque admettra cette maxime, il faut qu'il aduouë auffi, que S.
Auguftin en tout ce qu'il a efcrit de la Grace
employant toufiours, & auec eftude les paroles
de la S. Efcriture, & nommément de S. Paul,
lors que nous douterons de fa penfée, nous ne
deuons recourir à autre interprete, qu'à lEfcri-
ture fainéte. Ainfi S. Paul outre toutes fes grandes & illuftres qualitez s'appellera chez Mr l'Abbé l'interprete de S. Auguftin, l'interprete des
Conciles, & nommément de celuy de Trente,
qui fe fert fi fouuent des paroles de l'Apoftre.
Et confequemment ce Concile a eu grand tort
de dire en fa feff. 4. que l'Eglife eft l'interprete
des Efcritures fainétes, & tous les Catholiques
ont tort de refifter aux Heretiques, qui demandent, que l'Efcriture foit l'interprete & du Concile & des Peres, qui ont tous fait profeffion
de s'attacher à fon fens, & à fes paroles mefmes.
Enfin les interpretes de la mefme Efcriture n'en
feront plus les interpretes, mais comme il n'eft
homme qui parle fi clairement, qu'on ne puiffe
quelquefois difputer de fon fentiment, ils au-
ront pour interpretes les mefmes Liures, qu'ils
ont eu deffein d'interpreter.

CHAPITRE III.

L'examen de la seconde consideration du sieur Abbé.

C'EST ce qu'on doit aussi inferer de la seconde consideration , que le sieur Abbé
estend fort au long és pages 4. 5. 6. 7. & 8. mais
qui ne nous represente en substance autre
chose , sinon que *les Conciles , & Papes ayant
donné vne auctorité singuliere à la doctrine de S. Augustin en la matiere de la grace , & de la predestination,
il faut croire d'vne croyance religieuse & sacerdotale,
qu'aux lieux où le Concile de Trente parle de la grace,
& dont le sens est contesté parmy les Catholiques , il
faut l'expliquer par S. Augustin.* Mais ie le prie de
s'arrester vn peu plus serieusement sur ce qu'il
dit , quand il fait estat de donner au public des
considerations. Car celle-cy n'est pas receuable,
autrement il sera permis de dire , que parce que
l'Eglise, les Conciles, tous les Docteurs Catholiques , & nommément S. Thomas , comme il
nous en aduertit, *pag.* 6. ont suiuy religieusement
la doctrine de S. Augustin ; cetuy-cy est leur interprete. Quel malheur, que cecy ait esté igno-
ré par tant de Theologiens , qui iusques à present ont tasché par leurs commentaires, de donner quelque esclaircissement à la doctrine de
ce Docteur Angelique en la matiere de la grace,

H ij

& de la predeftination. Ils fe fuffent deliurez d'vn
grand trauail ; & nommément Capreolus , qui
au lieu de faire ce tiffu fi penible, & fi laborieux
de tous les paffages , lieux , & expreffions de ce
diuin Doƈteur fur chaque queftion, n'euft eu
qu'à nous renuoyer aux Liures de S. Auguftin,
ou au pis aller nous faire vn recueil de fes propofitions.

De la mefme maxime concluons , que puis
que S. Auguftin a compofé les decifions des
Conciles d'Affrique , & que le fecond Concile
d'Orenge n'eft autre chofe, qu'vn tiffu des lieux
tirez de S. Auguftin , que celuy de Trente a
employé mefme les paroles de celuy d'Orenge,
que le cinquiefme Concile , & celuy de Floren-
ce proteftent par tout , qu'ils fuiuent S. Auguftin , & puifque tous les Conciles modernes ont
pris pour leurs regles les fentimens des anciens,
& de l'Efcriture mefme , fi iamais on vient à
entrer en quelque differend pour l'intelligence
de ces Conciles, c'eft en vain qu'on en fera de
nouueaux , en vain on confultera l'Eglife en
fes Pafteurs , & fes Doƈteurs viuans, puifque ce
qui fert de regle à noftre foy , doit auffi feruir
d'interprete , puifque les Conciles derniers fe
doiuent interpreter par les anciens , celuy de
Trente par celuy d'Orenge : & on viendra à ce
poinƈt de dire , que toute la doƈtrine de la foy,
fe doit interpreter par l'Efcriture fainƈte , qui
eft vn erreur contre la foy : Voila ou condui-

sent des principes mal digerez.

Outre le manquement, que la seconde con-sideration a de commun auec la premiere ; elle a cecy de particulier, qu'elle se destruit par les mesmes passages des Peres, que Mʳ l'Abbé rap-porte pour l'establir, tant sa Theologie est mal employée : & c'est ce qui me confirme dans la creance, que i'ay tousiours eu, que le sieur Abbé estant si iudicieux, a escrit cette Lettre auec beaucoup de haste, & de precipitation, ne considerant pas ce qu'il auoit à prouuer, & luy est arriué, ce qui est dans le prouerbe, *La Chien-ne qui se haste, fait ses petits aueugles.* Il nous dit page 4. que le Concile d'Orenge doit estre ex-pliqué par sainct Augustin, & celuy de Trente aussi, puis qu'il a suiuy celuy d'Orenge. Ce bon Seigneur n'a pas leu, ou consideré, 1. que le Concile d'Orenge en toute son estenduë, ne nomme pas vne seule fois S. Augustin. 2. qu'il aduertit en sa preface, que les propositions, que le Pape enuoye aux Euesques de France, ont esté extraictes des SS. Peres, qui les ont recueillies de certains endroits, & Liures des sainctes Escri-tures, & le mesme Concile à la fin les appelle definitions des SS. Peres, *definitionem sanctorum patrum,* & au commencement, *Capitula quæ ab antiquis patribus de certis scripturarum voluminibus, in hac præcipuè causa collata sunt.* Que si nous vou-lons suiure la consideration de Mʳ l'Abbé, il nous faut necessairement inferer, que non seu-

H iij

lement S. Auguſtin, ainſi qu'il pretend, mais encore les autres Peres, ou pluſtoſt l'Eſcriture ſainᶜte doit eſtre interprete de ce Concile d'Orenge, & en ſuite de celuy de Trente : ce qu'vn Catholique ne peut accorder.

En la page 6. il rapporte vn fragment du Pape Hormiſdas à Poſſeſſor. Mais s'il euſt bien conſideré toute la propoſition de ce S. Pere, il y euſt trouué ſa condemnation, car il dit : *De libero arbitrio, & gratia Dei : quod Romana, hoc eſt, Catholica ſequatur, & aſſeueret Eccleſia, licet in variis Libris B. Auguſtini, & maximè ad Hilarium, & Proſperum poſſit cognoſci, tamen in ſcriniis eccleſiaſticis expreſſa capitula continentur, quæ ſi tibi deſunt, & neceſſaria creditis, deſtinabimus, quanquam qui Apoſtoli diᶜta conſiderat, quid ſequi debeat, euidenter cognoſcat.* Encore qu'on puiſſe apprendre de diuers Liures de S. Auguſtin, & particulierement de ceux, qu'il addreſſe à Hilaire, & Proſper, ce que l'Egliſe Romaine, c'eſt à dire, la Catholique croit touchant la grace, & le franc arbitre : Nous auons toutefois icy dans nos archiues de l'Egliſe des recueils, & lieux communs redigez par chapitres, que nous vous enuoyrons, ſi vous ne les auez pas, & ſi vous croiez en auoir affaire, encore que quiconque conſidere ce que l'Apoſtre en dit, reconnoiſtra aſſez euidemment, ce qu'il doit tenir. Ce grand Pape qui fait tant d'eſtat de S. Auguſtin, n'y renuoye pas Poſſeſſor, pour apprendre de luy ſeul ce

qu'il doit croire touchant la grace , & le franc
arbitre : Mais fe doutant , que nonobftant tout
ce que S. Auguftin nous en laiffe , & nommément és deux derniers Liures, qu'il a eſcrit à deſ-
fein pour s'expliquer d'auantage , & refoudre les
grandes difficultez , que les Ecclefiaftiques de
France , & les meſmes Hilaire , & Profper trou-
uoient dans fes Liures , particulierement dans
celuy de la correction , & de la grace , & pre-
uoyant , dis-ie , que Poffeffor pourroit encore fe
trouuer embaraffé , il luy offre les cayers , ou
memoires , qu'il auoit dans la bibliotheque de
l'Eglife de Rome , qu'il croit pouuoir luy donner vne plus grande intelligence des fentimens
de S. Auguftin : lequel Hormifdas femble vouloir dire eftre encore plus obfcur que S. Paul
en cette matiere , puis qu'il dit , qu'on peut dans
les eſcrits de S. Paul apprendre clairement ce
qu'on doit croire : ce que l'on ne peut pas aife-
ment tirer de S. Auguftin. Ie me perfuade , que
M^r l'Abbé a obmis ces dernieres paroles , fans
deffein de nous les cacher , qui font neantmoins
telles , que s'il les euft confiderées , il euft changé d'aduis.

CHAPITRE IV.

Reflexions sur l'escrit du Pape S. Celestin.

IE prie mon Lecteur de me permettre de faire icy quelque reflexion, sur ce que le Pape Celestin escrit aux Euesques des Gaules, puis que M[r] l'Abbé s'en sert dans la seconde consideration page 5. & qu'vn certain en a depuis peu imprimé vn escrit, ou selon l'ordinaire de ces nouueaux Docteurs, il se met inutilement en peine de prouuer ce que nous leur accordons tres volontiers : sçauoir, qu'il n'est aucunement permis à vn Catholique de s'éloigner tant soit peu de la doctrine de S. Augustin, touchant la necessité de la grace.

Ce sainct Pape se plaint, que certains Ecclesiastiques de France prenoient la liberté de prescher, & soustenir des propositions indiscretes, qui apportoient du trouble à l'Eglise : sur quoy il conuie les Euesques d'estouffer ces nouueautez, & d'empescher qu'elles ne s'éleuent contre l'ancienne doctrine, & que ces esprits broüillons ne troublent plus le repos, duquel les Eglises ioüissoient, puis qu'elles estoient dans l'asseurance, estans dans le repos. Ils veulent faire faire naufrage à ceux, qui sont dans le port en asseurance, & à l'abry : Car ceux la ont trouué vn lieu asseuré, qui ont ou mettre le pied ferme,

me,

me, & fans crainte. *Definat inceſſere nouitas vetu-*
ſtatem, definat ecclefiarum quietem inquietudo turbare,
conantur ſæpe naufragio mergere, quos intra portum
ſtantes ſtatio fida facit eſſe ſecuros. fida quippe eſt om-
nium ſtatio, quorum perfectis greſſibus veſtigia non
mouentur.

N'eſt-ce pas ce que les ſucceſſeurs de S. Celeſtin,
Paul V. Vrbain VIII. & Innocent X. ont com-
mandé? Il n'y a pas encor dix ans, que ces trou-
bles font entrez dans l'Egliſe, auparauant nous
viuions paiſiblement dans la creance, que nos
anceſtres nous auoient laiſſée. Si les Docteurs &
Theologiens, diſputoient de la predeſtination,
de la Grace, & du franc arbitre dans les eſcho-
les, c'eſtoit en ſuppoſant touſiours pour vray,
tout ce que ces nouueaux venus veulent maintenant renuerſer. Hê Meſſieurs, que ne nous laiſſez vous en repos, au lieu de nous troubler : que
ne vous ioignez vous à nous, pour deffendre
contre les Heretiques, les articles que les Conciles, & nommément celuy de Trente a decidez,
pour arreſter la fureur de ces ſangliers eſcumans,
qui rauageoient la vigne du Seigneur. Quel Docteur Catholique a trouué dans ce Concile aucun ſuiet de chicane, ſinon vous ? Qui a iamais
penſé à feüilleter ces grands ouurages de Sainct
Auguſtin, pour y trouuer l'interpretation des
paroles d'vn Concile, qui proteſte auoir parlé ſi clairement, qu'il ne croit pas, qu'il ayt
beſoin d'aucune explication ou interpretation?

I

C'eſt ce que nous verrons cy aprés.

Reuenons au Pape Celeſtin , lequel ſans dire qu'il s'agiſſe des Semipelagiens , qui reprenoient S. Auguſtin, ou bien des Predeſtinatiens, qui a- buſans de ſon nom, & de ſes paroles , ſemoient des doctrines nouuelles & ſcandaleuſes , donne cét eloge à S. Auguſtin. Que les Eueſques de Rome l'ont touſiours tenu dans leur commu- nion , l'ont reueré tant pour ſes vertus, que pour ſa doctrine, n'ayant iamais eſté ſoupçonné d'er- reur , & ayant touſiours eſté en telle eſtime d'homme ſçauant , que ſes predeceſſeurs l'ont reconnu pour vn de leurs bons maiſtres , le mettant au rang des autres Peres & Docteurs de l'Egliſe. Et puis qu'il a eſté chery , & honoré de tous , il eſt raiſonnable que tous en ayent bonne opinion , & qu'on reſiſte à ces gens , que nous voyons le vouloir attaquer mal à propos. Enfin il teſmoigne prendre part à l'affliction , que quelques bonnes ames enduroient dans la per- ſecution , que ces brouïllons leur auoient ſuſ- citée. Ie croy qu'il parle des ſaincts Proſper , & Hilaire , qui ont eſté contraints d'auoir recours au S. Siege , contre les Semipelagiens , qui les mal traitoient , quoy que le meſme S. Proſper, & aprés luy S. Fulgence ayent eſté enfin con- traints de ſe defendre auec leur Maiſtre, contre les Predeſtinatiens.

Ce qui toutefois me perſuade , que S. Cele- ſtin n'entend parler en ce lieu , que des Semipelagiens, & non des Predeſtinatiens, c'eſt que Photius le dit expreſſement au chap. 53. & 54. de ſa Bibliotheque, adiouſtant que les Predeſtinatiens bien eſloignez de blaſmer S. Auguſtin, ne ſe feruoient que de ſes paroles & de ſon authorité, pour defendre leur erreur.

Aprés cette Epiſtre de S. Celeſtin ſuiuent vnze chapitres, qui luy auoient eſté preſentez par Hilaire, & Proſper, comme ie croy, & qu'il a ioint à ſa Lettre, les ayant approuuez: d'où il eſt arriué, que les Peres les ont attribuez au meſme Celeſtin, comme le Pere Sirmond l'a remarqué en ſes notes ſur cette Epiſtre. Ie vous prie de remarquer, que le S. Pere au chap. 3. pour inſtruire plus pleinement ces Semipelagiens, ou ceux quels qu'ils fuſſent, qui doutoient des veritez, que l'Egliſe ſouſtient contre les Pelagiens, ne les renuoye pas aux Liures de S. Auguſtin, mais qu'il leur propoſe certaines ſentences des SS. Peres, aſſeurant qu'ils y trouueront la ſolution & l'explication de toutes les queſtions debatuës entre les Catholiques & les Pelagiens. Mais comme ie ne fais eſtat de traiter ce poinct, qu'en paſſant, ie me contente maintenant de dire contre Monſieur l'Abbé, que ce S. Pere n'a point creu, qu'on deuſt interpreter les Conciles par S. Auguſtin, puis que pluſtoſt il propoſe les deciſions des Papes & des Conciles, pour expliquer nettement ce que nous deuons croire de la Grace.

Et que le ſieur Abbé ne nous diſe point, que S. Celeſtin reſpond à ceux, qui ne vouloient pas reconnoiſtre ſainĉt Auguſtin, mais ſeulement ce que l'Egliſe Romaine tenoit. Car au moins il ne peut nier que ſainĉt Celeſtin a aſſeuré, que ces ſentences des Papes, & du Concile de Carthage ſont ſuffiſantes pour donner, ſans conſulter ſainĉt Auguſtin, vne parfaite intelligence du myſtere de la Grace.

C'eſt en vain que Mᵣ l'Abbé s'eſchaufe, alleguant ces conſiderations, pour me perſuader, que ie ne puis entendre comme il faut le Concile de Trente, à moins que de receuoir les interpretations, qu'il luy plaira m'apporter des eſcrits de S. Auguſtin: il me pardonnera, ſi ie luy dis, que deuant qu'il fiſt profeſſion de nous enſeigner, & qu'il euſt meſme eſtudié ſainĉt Auguſtin, qui n'eſt au dire de ſon panegyriſte, que depuis ſix ou ſept ans, les Theologiens de toutes les Facultez & Academies Catholiques, & moy, s'il m'eſt permis de me nommer, qui ſuis le moindre de tous, nous penſions bien entendre le Concile de Trente, nous n'eſtions ny Pelagiens, ny Semi-pelagiens, puis que nous tenions, ſuiuions & enſeignions la doĉtrine de la Grace, que nous auions appriſe de nos Doĉteurs Catholiques, & par leur moyen de l'Egliſe Romaine noſtre bonne mere, qui n'a iamais eſté Pelagienne, ny Semipelagienne, & qui ſuiuant le commun conſentement de ſes Paſteurs & Doĉteurs ny

deuant ny depuis le sainct Concile de Trente n'a donné à ses enfans aucune mauuaise doctrine, mais leur a consignée celle, qu'elle auoit
receuë des anciens par vne fidelle & perpetuelle
tradition.

Pourquoy donc s'eschaufe-t'il ? pourquoy
nous inquiete-t'il par vne demangeaison de dis-
puter ? que ne nous laisse-t'il dans le repos, duquel nous ioüissions par les saincts decrets du
Concile de Trente, qui auoit appaisé les trou-
bles suscitez dans l'Eglise par les Heretiques ?
Si i'osois parler à Nosseigneurs les Prelats, dont
i'honore & respecte le silence, ie les prierois de
considerer ce que ce S. Pape a escrit à leurs predecesseurs, & d'opposer leur authorité aux en-
treprises de ces nouueaux & inconnus Docteurs,
d'autant plus dangereux, qu'ils se couurent de
ce beau manteau de disciples de S. Augustin:
ce qu'ils font aprés tous les Heretiques, qui depuis sous le nom de ce grand Docteur ont voulu debiter leurs erreurs de la Grace & de la predestination.

I'omets tout ce que M^r nostre Abbé rapporte
en cette seconde consideration de Clement VIII.
& de diuers Docteurs, qui disent veritablement,
qu'on doit prendre la doctrine de S. Augustin
pour la regle, mais non pas pour le commentaire ou l'interpretation du Concile de Trente.

I iij

CHAPITRE V.

Examen de la troisiefme confideration de Monfieur l'Abbé.

IE viens à fa troifiefme confideration, qui eſt celle-cy en fubſtance, dans la page 9. & les ſui-uantes. *La doctrine de S. Auguſtin a vne connexion ſi eſtroite & vne liaiſon ſi indiſſoluble de tous ſes points, que ſi vous en deſtruiſez vn ſeul, il ſemble qu'en ſuite vous ſoyez contraint de deſtruire tous les autres.* Doù Mr l'Abbé conclud, que S. Auguſtin doit eſtre l'interprete du Concile de Trente. Car c'eſt la conſequence, qu'il en a deu tirer, ſi ce n'eſt qu'il ſe ſoit voulu contenter de dire beaucoup de choſes, & ne point toucher le poinct de la queſtion.

Ie le prie de m'excuſer ſi ie luy confeſſe, que ie ne voy en ce raiſonnement, qu'vn eſtrange eſgarement d'eſprit. Car ie vous demande en bonne foy, ſi pour auoir vne doctrine bien liée en toutes ſes parties, on doit paſſer pour in-terprete des Conciles. Ie ſuis bien plus aſſeuré, que l'Eſcriture ſaincte, & en particulier celle de S. Paul en la matiere de la Grace, a cette liaiſon plus indiſſoluble, que n'a pas S. Auguſtin : & partant ſuiuant les regles de noſtre nouueau Docteur, S. Paul & l'Eſcriture ſaincte ſera non ſeulement la regle, mais encore l'interprete des Conciles.

Ie suis encore plus asseuré que le Concile de Trente a cette connexion, & liaison de doctrine, que mon pas S. Augustin, puis que ie suis plus asseuré, que le mesme S. Esprit a conduit & inspiré les Peres du Concile dans leurs decisions, que non pas S. Augustin, qui n'est qu'vn Docteur particulier, & qui n'a point eu cette infaillibilité, qu'a l'Eglise dans ses Conciles. Donc selon les maximes de M^r l'Abbé, le Concile doit bien pluftoft estre l'interprete de S. Augustin, que S. Augustin celuy du Concile. Qui ne voit cette verité, a perdu les yeux.

Au reste, Monsieur, ie ne puis me figurer, que vous ayez bien consideré ce que vous dites en la page 9. *Que les Peres du Concile de Trente ayans suiuy manifestement & du consentement de tous, au moins en quelques points la doctrine de S. Augustin, nous deuons croire prudemment, qu'ils ont eu dessein de la suiure en toutes les autres.* Vous sçauez ce que c'est que croire *prudemment* en bon François, & mesme en bon Theologien : est-ce estre tres asseuré & autant qu'on le doit estre és choses de la foy ? Vous proteftez que la doctrine de S. Augustin touchant la Grace est l'vnique doctrine Catholique, vous le repetez sans cesse dans toute voftre Lettre, vous l'inculquez, & dites, qu'il n'y a point de milieu entre la doctrine de ce grand Docteur & l'erreur des Heretiques ; qu'on ne peut tant soit peu s'escarter de ce sainct, sans s'engager infailliblement dans l'herefie. Voila de

magnifiques paroles, qui vont aboutir à vn *pru-*
demment, que le Concile de Trente *a eu deſſein de*
la ſuiure en tous ſes points, & *qu'on doit prudemment*
croire.

Encore auez vous tant de peur, que vous
n'oſez croire prudemment, qu'il l'a ſuiuie, mais
ſeulement qu'il en a eu le deſſein : comme ſi
vous diſiez, qu'il en a bien eu la volonté & l'in-
tention, mais qu'elle a peut-eſtre eſté ſans effect.
Ce que vous faites entendre aſſez clairement,
diſant que les Peres de ce Concile ont ſuiuy ma-
nifeſtement , & du conſentement de tous, *au*
moins en quelques points la doctrine de S. Auguſtin,
en la matiere de la Grace, puis que vous ne parlez
que de cette matiere. Car ſelon vous il n'eſt pas
euident, que ces Peres ayent ſuiuy la doctrine
de S. Auguſtin en tous ces points , mais ſeulement *en quelques-vns* : & ainſi à vous entendre parler , il n'eſt pas euident , que le Concile
ne ſoit pas Heretique en quelques points de ſa
doctrine.

Ie vous demande encore vne fois, auez vous
bien conſideré ce que vous auez eſcrit, & ne
donnez vous pas iuſte ſuiet de croire qu'en effet
vous n'eſtimez point ce S. Concile entierement
Catholique , & que vous ne l'auez pas en la veneration , que teſmoigne voſtre Lettre , veu
nommément que dans celle-cy , & meſme au
commencement de l'autre, que vous eſcriuez à
vn Abbé, vous deferez tant à l'hiſtoire du Concile

cile de Trente. 1. Qu'on sçait auoir esté escrite
par vn ennemy iuré du S. Siege. 2. Qui n'a autre
dessein, que de descrier ce sainct Concile. 3. Qui
n'appelle iamais les Protestans Heretiques. 4.
Que les Heretiques ont imprimé en toute sorte
de langues, & qui est, à ce qu'on dit, le cinquiesme
Euangile du party, que vous defendez. Hê Catholiques, n'est-ce pas assez pour le vous faire
connoistre & detester ? Pour moy i'aime mieux
croire, que vous auez peu examiné vos considerations, & que vous n'auez gueres fait de reflexion à ce que vous auez escrit, que d'estimer que
vous ayez vne opinion de ce sainct Concile, telle
que si nous ne vous cognoissions point d'ailleurs,
elle vous feroit passer pour vn franc Heretique.

CHAPITRE VI.

La quatriesme Consideration du sieur Abbé.

EXAMINONS enfin la quatriesme consideration, par laquelle M^r l'Abbé nous veut
persuader, que S. Augustin doit estre pris pour
interprete du Concile de Trente. Il l'estend bien
au long és pages 34. 35. & suiuantes, & aprés l'a-
uoir embarassée dans vn discours assez inutile, en
la page 43. il l'a proposé enfin plus nettement en
ces termes. *Que l'antiquité Chrestienne ne reconnois-*
sant aucun milieu entre la doctrine de ses aduersaires
& la sienne, il parle de S. Augustin, il semble que

K

l'on tombe de la sienne en celle de ses aduersaires. Et qu'en vn Synode conuoqué pour iuger du different entre les Dominicains & les Iesuites, si on ne consultoit S. Augustin parmy les anciens Peres, ou l'on consulteroit ses aduersaires, ou l'on n'en consulteroit aucun pour la decision de cette controuerse.

Ie laisse à tout homme qui a quelque reste de sens commun, de iuger si ce raisonnement est receuable. S. Augustin est Docteur Catholique, & mesme, si vous voulez, c'est luy qu'on doit ou vniquement, ou particulierement consulter és controuerses de la Grace : adioustez, s'il vous plaist, pour faire vostre cause meilleure, il est en cette sorte de questions autant infaillible, que tous les Papes, que tous les Conciles, que S. Paul, & l'Escriture saincte : donc S. Augustin est le legitime & le principal, sinon l'vnique interprete du Concile de Trente.

Mr l'Abbé, de grace, pourquoy deuinez vous de ce qui se feroit en vn Synode conuoqué, pour iuger du different des Peres Dominicains & des Iesuites, puis que c'est vne affaire faite ? On ne feroit dans ce Synode, que ce qu'on a fait dans trois Inquisitions d'Espagne, & à Rome, dans plus de cent Congregations l'espace de cinq ans. Si Clement VIII. ordonna qu'on s'arresteroit principalement à S. Augustin, & à ce qu'on dit au Docteur Angelique. Deuant ce decret, qui ne fut fait, qu'aprés plus de deux ans escoulez, on auoit traitté l'affaire à l'ordinaire des

Conciles , & nommément de celuy de Trente , qui dans sa Session cinquiesme & sixiesme,
parlant du peché originel, & de la Grace, bien
loin de ne consulter que S. Augustin , quoy
qu'il sçeust l'estime qu'il en deuoit faire , nous
enseigne qu'il a consulté & suiuy les sentimens
des sainctes Escritures, des SS. Peres , des Conciles approuuez , le iugement & consentement
de l'Eglise mesme , c'est à dire de ses Pasteurs &
de ses Docteurs viuans. *Sacrarum scripturarum , &*
SS. Patrum , ac probatissimorum Conciliorum testimo-
nia , & ipsius Ecclesiæ iudicium & consensum secuta.
C'est en la Sess. 5. au decret du peché originel.

En ce Synode on feroit ce qu'enfin Paul V. fit,
qui donna au Cardinal du Perron charge de lire
les actes du Concile de Trente, auec toutes les
histoires & procedures , qui estoient gardées au
Chasteau sainct-Ange, pour les voir sur la matiere de cette controuerse. C'est ce que nous
apprenons de la Lettre , que le mesme Cardinal
escriuit au Roy, en datte de l'onziesme de Iuillet
1606.

L'Autheur d'vn Escrit, qui contient les raisons,
que M^r l'Archeuesque de Malines a eu, pour ne
pas publier la Bulle de Vrbain VIII. contre *Ianse-*
nius dit, que Mondit sieur a vne Bulle que Paul
V. vouloit publier, dans laquelle il specifioit, &
condamnoit cinquante propositions de Molina.
Mais qui me pourra persuader , que cette Bulle ait iamais esté minutée , puis que 1. ny Alua-

res, ny Gonzales, ny aucun de ceux qui ont
assisté à cette dispute, & ont escrit de cette matiere, n'ont iamais dit vn seul mot de cette Bulle, non plus que les Autheurs du cours de Phi-
losophie de Salamanque, ny le Pere Iean de S.
Thomas, qui ont esté extraordinairement cu-
rieux dans la recherche de tout ce qui pouuoit
fauoriser leur opinion, & la pretenduë condamnation de Molina. Secondement, Monsieur
le Cardinal du Perron eust sçeu quelque chose de
cette Bulle, si on en eust formé le dessein. Tiercement, comment est-ce que cette Bulle a pû
condamner cinquante propositions de Molina,
puis que dans le cours de la dispute elles furent
reduites à douze, comme l'asseure le R. Pere de
S. Ioseph Feüillant, qui en a eu des memoires les
plus fidelles, qu'on puisse souhaiter, estant ceux
de Mr le Bossu Docteur de Sorbonne, qui fut vn
des deputez, qui assista à toutes les conferences,
& qui asseurément n'estoit pas beaucoup affe-
ctionné aux Iesuites? Enfin si Paul V. auoit cette
Bulle toute preste, & le dessein de la publier, que
ne l'a-t'il fait durant son Pontificat, qui a esté
de plus de quinze années, & en tant d'occasions
qui l'ont obligé de reïterer la defense qu'il auoit
faite de ne point condamner la doctrine de Bagnes, ny de Molina? Est-il possible que l'Inqui-
sition de Rome n'en ait point eu de connoissance, ny Vrbain VIII. qui a tousiours persisté dans
les sentimens de son predecesseur?

On doit faire le mefme iugement de deux autres chofes, que le mefme paffeuolant nous veut
perfuader. La premiere eft, que les Iefuites d'Ef-
pagne firent tout ce qu'ils peurent à ce que l'Vni-
uerfité de Salamanque reuoquaft le decret, qui
obligeoit tous fes graduez à iurer, qu'ils n'en-
feigneroient rien de contraire aux fentences, qui
font euidemment de fainct Auguftin, & de S.
Thomas, excepté celle qui touche la Conception immaculée de la faincte Vierge, & les
autres, qui pourroient eftre condamnées par
quelque decret de l'Eglife, ou des Papes.

Car, ie vous prie, comment eft-ce que les Iefuites ont pû trouuer mauuais vn decret, qu'ils
ont dans leurs Conftitutions, auec les mefmes
exceptions? L'autre chofe que cét efcrit tafche
de nous faire croire, eft que Henriuqes Iefuite,
a voulu parler de Leffius, lors qu'il dit, qu'vn
docte Predicateur receut vne verte reprimende
de Sixte V. pour auoir prefché à Louuain l'opinion de Catherin, touchant la predeftination: ce
qui caufa du fcandale. Chofe eftrange, ces Meffieurs font fleches de tout bois, & ont le front
de nous donner pour affeurées leurs fauffes con-
iectures, pourueu qu'elles puiffent feruir à leur
deffein. Henriques, dites-vous, parle d'vn Predicateur, & on fçait que Leffius ne le fut iamais,
& qu'il ne prefchoit point à Louuain, mais qu'il
y lifoit la Theologie, lors qu'on luy fufcita cette
perfecution. 2. Vous dites que ce Predicateur fut

Lib. vlt. de
fine Rom.
c. 12. in
comm. lit-
tera B.

K iij

repris, d'auoir presché contre l'opinion de Catherin, qui ne fut iamais celle que Lessius enseignoit pour lors, & qu'il a du depuis imprimée. De ces trois eschantillons le Lecteur iugera aisément de toute la piece de cét escrit, & quelle croyance meritent toutes les autres choses odieuses, dont cét Autheur charge les Iesuites, & ce pour iustifier la doctrine de *Iansenius*, quoy que toutes ces calomnies soient hors de propos, & ne la puissent aucunement iustifier.

CHAPITRE VII.

Ce que le Concile de Trente, & le Pape nous enseignent sur cette question.

LE Concile dans sa Sess. 25. & derniere, au tiltre *de recipiendis*, &c. croit auoir proposé sa doctrine si clairement, qu'elle n'a besoin d'aucune declaration. *Si in his aliqua inciderint, quæ declarationem, quod non credit, aut definitionem postulent* : & nommément en la Sess. 6. où il parle de la Grace, & des questions qui font le suiet des controuerses de ce temps. Il dit dans la preface qu'en ce temps on a semé vne doctrine erronée de la iustification. Ce qui nous enseigne que le Concile reconnoit, que les Heretiques de son temps n'auoient pas seulement renouuelé les anciennes heresies, mais encore qu'ils en auoient produit de nouuelles, qu'il a voulu

destruire. Il dit en suite, que son dessein est d'exposer à tous les fideles la vraye & saine doctrine
de la iustification , telle que nostre Seigneur l'a
enseignée , que les Apostres nous ont laissée , &
que l'Eglise a tousiours conseruée. Vous remarquerez le mot *d'exposer* , qui n'est autre chose que
declarer nettement & le plus intelligiblement
qu'il a pû. Si cela est , faut-il pas croire que le
Concile n'a pas creu qu'on le deust interpreter
par S. Augustin ?

Et Pie I V. dans la Bulle , qu'il a fait pour
confirmer l'approbation de ce Concile , dit que
si quelqu'vn croit, qu'il y ait quelque chose, qui
pour estre dite ou ordonnée obscurement , ait
besoin de quelque interpretation, qu'il s'addres-
se au lieu, que Dieu a choisy à cét effect, qui est
le Siege Apostolique , le Maistre de tous les fideles, & l'authorité duquel le Concile mesme reconnoit & reuere. Car selon que le Concile l'a
ordonné, nous nous reseruons la declaration, &
decision de toutes les difficultez & controuerses,
qui pourroient naistre de ces decrets , estans
prests de pouruoir au besoin des Prouinces, dans
la maniere que nous iugerons la plus conuena-
ble , ainsi que le Concile a iuste suiet d'esperer
de nous. Et cependant nous ordonnons, qu'on
tienne pour nul & de nulle valeur tout ce qu'on
entreprendroit au contraire, ou sciemment, ou
par ignorance. *Si cui verò in eis aliquid obscuriùs*
dictum & statutum fuisse , eamque ob causam inter-

pretatione aut decisione aliqua egere visum fuerit, aſcendat ad locum, quem Dominus elegit, ad Sedem videlicet Apoſtolicam, omnium fidelium magiſtram, cuius authoritatem etiam ipſa ſanĉta Synodus tam reuerenter agnouit. Nos enim difficultates & controuerſias, ſi quæ ex eis decretis ortæ fuerint, nobis declarandas & decidendas, quemadmodum ipſa quoque ſanĉta Synodus decreuit, reſeruamus, parati ſicut ea de nobis meritò confiſa eſt, omnium prouinciarum neceſſitatibus ea ratione, quæ commodior nobis viſa fuerit, prouidere, decernentes nihilominus irritum & inane, ſi ſecus ſuper his à quoquam quauis authoritate ſcienter, vel ignoranter contigerit attentari.

Appliquons ce decret à ce qui touche la Seſſ. 6. & appartient à la doĉtrine de la Grace, de la predeſtination, du franc-arbitre, de la poſſibilité des commandemens de Dieu, & en vn mot de toute la iuſtification. Ie ne vois point que ny le Concile, ny le Pape nous renuoyent à ſainĉt Auguſtin, ils ne le nomment pas meſme : ils croyent que tout ce qui y eſt traité, eſt ſi clairement deduit, qu'il n'a beſoin d'aucune nouuelle interpretation. Et au cas que quelques-vns y trouuent de l'obſcurité, ils nous defendent d'accepter aucune interpretation, que celle qui ſera donnée par le ſainĉt Siege. Pourquoy voulez vous, Mr lAbbé, nous perſuader que ſainĉt Auguſtin & ſa ſeule authorité ſuffiſent pour nous donner la vraye explication du Concile de Trente?

Ie

Ie fçay bien qu'on peut entendre ce que dit
Pie IV. d'vne interpretation iuridique , que
tous les fidelles soient obligez de suiure , & que
M^r l'Abbé n'entend parler , que d'vne interpretation de Docteur, & telle que sont les explications que les Canonistes & autres Docteurs donnent aux Canons des Conciles. Mais quoy qu'il
ne vouluft parler que de cette sorte d'interpretation , ie maintiens que sainct Augustin ne peut
estre pris pour interprete de ce Concile.

Car ainsi que l'aduoüe le sieur Abbé , ce qu'il
ne peut nier , sans renoncer au sens commun,
tout interprete doit parler plus clairement &
plus intelligiblement à ceux à qui il sert d'interprete , que ne parle l'escrit , ou que la parole
de celuy qu'il interprete ne se fait entendre ; Et
puis qu'il n'est pas icy question ny de la doctrine de la grace prise en soy , ny de l'Escriture
mesme ; mais seulement du texte , & du discours
du Concile , duquel on cherche l'intelligence,
& le sens , que les Peres du Conciles ont voulu
nous enseigner, quand ils ont vsé de telles paroles : Afin que quelqu'vn me serue d'interprete de
ce Concile , il est necessaire, qu'il enonce en des
termes plus clairs , que i'entende mieux , & auec
des expressions qui me soient plus familieres tout
ce que le Concile a voulu dire : car l'interprete a
necessairement deux rapports , l'vn aux paroles
ou discours , qu'il interprete ; l'autre à la personne à qui ce discours auparauant obscur , est

L

rendu clair & intelligible par l'interprete.

Ce que M^r l'Abbé nous apporte pour confirmation de sa These, pag 37. n'est pas tousiours vray, qu'vn texte est censé plus intelligible, lors qu'il est plus diffus, plus estendu, & qu'il ne se peut faire autrement, que l'on ne rencontre souuent és canons des Conciles, quelque obscurité, à cause de leur brieueté. Cette opposition est nulle euidemment, car il est asseuré que la force d'vn raisonnement & sa consequence est plus claire, quand il est plus serré, que lors qu'il est si diffus, qu'on a de la peine à voir la connexion de toutes ses parties : ostez les termes ambigus, & capables de plusieurs significations, il est certain qu'vne proposition enoncée par des termes clairs & simples est mieux conceuë, que celle qui est auec des circonlocutions, des longues clauses & redites, qui apportét plus de confusion, que de clarté. Ie n'en veux point d'autre preuue que celle, que M^r l'Abbé me fournit en la Lettre, où il employe tant de verbiages, & de discours inutiles, qu'en ce grand embaras de paroles, & de conceptions, on a bien de la peine à deuiner ce qu'il pense, ou ce qu'il veut dire. Ie voudrois pour son bien, qu'il eust ouy l'aduis de ce sage Maistre de l'eloquence, qui disoit que les paroles inutiles dans vn discours sont comme les champignons, qui naissent autour des mesches & des chandelles allumées, qui ne font qu'en empescher la clarté ; ou bien comme ces excres-

fences de chair, qui viennent fur les beaux vi-
fages, qui en gaftent la proportion.

CHAPITRE VIII.

De qui on doit apprendre l'Explication des lieux obfcurs du Concile de Trente.

POVR fçauoir ce que le Concile de Trente definit, il importe fort d'entendre les
erreurs des Heretiques, qu'il refute : & c'eft icy
ou ie prie M^r l'Abbé, de me dire comment S.
Auguftin peut eftre interprete d'vn Concile, qui
refute les herefies de Luther & de Caluin, dont
S. Auguftin n'a iamais parlé, ny oüy parler.

Ce grand & fainct Docteur auoit efcrit fi do-
ctement & fi amplement contre les Pelagiens,
mais quand les Semipelagiens mirent en auant
leurs erreurs, les faincts Hilaire & Profper ne
creurent pas trouuer affez de lumiere dans ces
grands ouurages de fainct Anguftin, pour les
refuter, & il fallut, que fainct Auguftin reprift
la plume de nouueau, & compofaft ces deux
Liures de la predeftination des faincts & du don
de la perfeuerance. Quelques Religieux du mo-
naftere d'Adrumete, eurent de la peine à accorder la grace auec le franc arbitre & la correction;
il fut de befoin que fainct Auguftin leur efcri-
uift deux Liures : & toutefois fi nous en croyons
le fieur Abbé, vn feul Auguftin eft plus que fuffi-

fant pour nous expliquer tout ce que le Concile de Trente a enseigné, non seulement contre les Pelagiens, mais encore contre les Lutheriens & les Caluinistes, desquels il n'auoit pas mesme oüy parler. C'est à quoy M^r l'Abbé est aduerty de prendre garde, il n'a pas consideré, que le Concile a refuté des heresies differentes de celles des Pelagiens, puis qu'elles estoient nouuelles, comme le mesme Concile nous en donne aduis, dans la preface de sa sess. sixiesme.

Sainct Augustin nous enseigne deux choses, qui font à mon propos: l'vne est, que l'Eglise à l'occasion des heresies, qui naissent tous les iours, donne à ses enfans vne connoissance plus claire, & plus distincte des veritez de la foy, qu'elle ne faisoit deuant que ces heresies l'eussent obligée à les estudier. *Improbatio quippe Hereticorum facit eminere quid Ecclesia tua sentiat, & quid habeat sana doctrina*, dit-il, *lib.* 7. *confess. cap.* 19. & au Liure *de dono perseu.* que chaque heresie a ses questions propres, pour la solution desquelles, il faut plus soigneusement estudier les escritures, ce qu'on ne feroit pas sans telle necessité. *Didicimus singulas quasque hæreses extulisse Ecclesiæ proprias questiones, contra quas diligentiùs defenderetur scriptura diuina, quàm si nulla talis necessitas cogeret.* Cela est si vray, que les saincts Peres n'ont pas estimé que l'Eglise, se doiue promettre l'assistance du sainct Esprit, & qu'elle puisse validement & legitimement entreprendre de iuger & decider

les matieres de la foy, fi elle n'y eſt obligée par
quelque nouuelle hereſie, ou danger euident de
quelque erreur. C'eſt ce que Vincent de Lerino
remarque *in common. cap.* 32. & *Facundus Her-*
mian. lib. 2. *de trib. capite* 3. Le medecin qui ordonne vn remede à celuy qui ioüit d'vne par-
faicte ſanté, doit eſtre ſuſpect, puis que le remede & l'antidote ſuppoſent neceſſairement
quelque mal. *Quem ſanum non ſollicitaret, ſi ei nec*
petenti, nec egenti ingereretur antidotum, quod vti-
que contra aliquid dari, ipſum nomen eius indicium
eſt? & non ſit propterea ſi morbus contra quem detur,
non ſine ſuſpicione auferendæ ſalutis ingeritur.

L'autre choſe que le meſme ſainct Auguſtin
m'enſeigne, eſt que quelquefois les Conciles
modernes corrigent les anciens, c'eſt à dire qu'ils
enſeignent plus clairement les veritez de la foy &
oſtent les ambiguitez, ou obſcuritez, qui eſtoient
reſtées dans les anciens. C'eſt icy que ie prie derechef noſtre Abbé d'entendre ce que ce grand
Docteur, dont il ſe profeſſe diſciple, reſpond
aux Donatiſtes au liure 2. *de bapt.* chap. 3. Vous
n'auez en la bouche, que Cyprian, dont l'authorité ſeule vous ſert de bouclier contre toutes
mes attaques. Où eſt le Catholique, qui ne ſçache
qu'il n'y a que l'Eſcriture ſaincte, qui n'eſt point
ſuiette à la cenſure des hommes, & qu'il n'eſt
point d'Eueſques, duquel les eſcrits ne puiſſent
eſtre examinez par les Conciles, & corrigez, s'ils
ont erré. Les Conciles meſmes ou nationaux ou

L iij

prouinciaux, qui nous doiuent estre en plus grande veneration, qu'aucun Pere ou Docteur particulier, nous doiuent sans doute estre moins
considerables, que ceux que nous appellons
œcumeniques, & generaux ; & entre ceux-cy
mesme il arriue souuent, que sans superbe, e-
mulation, ou enuie, & conseruans l'humilité, la
paix, & charité Chrestienne, les Conciles suiuans corrigent, & reforment les precedens,
quand l'experience descouure ce qui estoit clos,
& fait voir ce qui estoit caché. *Ipsaque plenaria*
sæpe priora posterioribus emendari, cum aliquo experi-
mento rerum aperitur quod clausum erat, & cogno-
scitur quod latebat & au chap. 9. *Concilia posteriora*
prioribus apud posteros præponuntur & vniuersum par-
tibus iure semper optimo præponitur.

C'est pourquoy ie croy auoir iuste suiet de
dire, que le Concile de Trente a sans comparai-
son parlé plus clairement de la doctrine de la foy,
combatuë par les nouueaux Heretiques, que n'a
pû faire sainct Augustin ; que celuy-la nous y a
descouuert & donné des nouuelles lumieres, que
celuy-cy n'auoit pas reconnu si pures & si net-
tes ; & qu'on ne peut sans imprudence & temerité croire, que sainct Augustin seul soit vn
plus que suffisant interprete d'vn Concile general, & tel que pour les decisions & explications
de la doctrine, qu'il a examinée, il n'y a ny
Pere ny Concile precedent, quel qu'il soit, qui
ne doiue luy ceder.

Que ſi entre les Catholiques, il y a quelque
differend pour l'intelligence de quelque parole,
ou propoſition de ce Concile, ie dis qu'il faut
en conſulter les Docteurs qui y ont aſſiſté, &
ceux qui ont eſcrit depuis de ces matieres, nommément contre les Heretiques, & s'arreſter à
ce qu'ils nous en diſent d'vn commun conſentement : car comme ie ſuis aſſeuré, que dans le
conſentement des anciens Peres, on a trouué la
tradition des Apoſtres : Qu'vn ſainct Athanaſe,
ou ſainct Hilaire, & les autres, qui ont aſſiſté au
Concile de Nicée, ou qui ont continué d'eſcrire
contre les Arriens, nous ont laiſſé l'intelligence
parfaite de l'homouſion, ou de la conſubſtantia-
lité que ce Concile auoit eloignée : Que ſainct
Cyrille eſt vn teſmoin irreprochable, & fidel
interprete du Concile d'Epheſe, parce qu'il y a
aſſiſté. Ainſi ie ne doute point qu'vn Cardinal
Hoſius, vn Claude de Sainctes, doctes & ſaincts
Eueſques, Pierre & Dominique Soto, Vega,
Salmeron, & les autres Docteurs celebres, qui
ont aſſiſté au Concile de Trente, Bellarmin, Sta-
pleton, & tant d'autres, qui pour combattre les
Heretiques, ne ſe ſont ſeruis que des armes de
ce Concile, ne nous ſoient plus aſſeurez interpretes du meſme Concile, que n'eſt ſainct Auguſtin, ny les autres Peres, ou Conciles anciens,
qui ont bien pû ſeruir de regle au Concile, mais
non pas en eſtre les interpretes.

Oſeriez vous dire, que ces Peres, qui ont fait

& composé ce sainct Concile, aprés de si longues
& soigneuses discussions, parloient comme des
peroquets ? ne seruoient-ils au sainct Esprit que
d'instruments, par impression necessaire, comme
l'asnesse de Balaam, ou bien comme Caïphe, di-
sans ce qu'il n'entendoient pas ? Ne parloient-ils
pas intelligiblement aux Docteurs, dont ils prenoient les aduis, pour par aprés porter des arrests
de la foy ? En vn mot, les vns & les autres ne
s'entendoient-t'il pas ? & quand ces mesmes Peres & Docteurs ont donné à la posterité leurs
escrits & memoires, touchant ces mesmes matieres, ont-ils changé de langage, ou oublié
du depuis celuy dont ils vsoient dans le Concile ? Si cecy ne se peut dire ny penser qu'auec
blaspheme ou sottise, comment puis-ie douter
que le Concile n'ait creu & entendu, ce que ces
mesmes Peres & Docteurs disent tous & d'vn
commun cosentement ? Enfin, si ie suis Catholique, ie dois estre asseuré que l'Eglise a gardé
fidellement le depost des veritez, que le sainct
Esprit luy a consigné par ce Concile, comme
la mesme a tousiours conserué la doctrine, qu'il
a plû au mesme S. Esprit luy descouurir de
temps en temps. Et qui sont ces fideles deposi-
taires, quelle est cette Eglise, & en qui elle sub-
siste depuis cent ans, sinon dans la personne de
de ses Pasteurs & Docteurs, qui ayans imme-
diatement receu du Concile, ou plustost du S.
Esprit dans le Concile ces esclaircissemens, ces

nou-

nouuelles lumieres de l'ancienne & Apoſtolique
doctrine, nous l'ont laiſſée & communiquée fidellement?

CHAPITRE IX.

*De quelle authorité doit eſtre la doctrine de
ſainct Auguſtin, és matieres de la
predeſtination & de la Grace.*

IE croy, que S. Auguſtin n'a rien dit ſur ce ſuiet,
que de vray, & i'ay touſiours tenuë & defenduë,
comme tres vraye, toute ſa doctrine, pourueu
qu'on l'entende ſelon ſon vray ſens, & non pas ſelon celuy, que les Heretiques luy attribuent fauſſement. Mais ie croy auſſi, qu'on ne peut ſans
temerité la vouloir faire paſſer toute, comme
doctrine de la foy, ou de l'Egliſe meſme, que
perſonne ne puiſſe quitter, ſans faire en meſme
temps banqueroute à l'Egliſe, & s'engager dans
l'hereſie. La doctrine de S. Auguſtin au preſent
ſuiet, a vne fort grande eſtenduë, & comprend
pluſieurs queſtions, eſquelles toutes ie croy, qu'il
a eſté autant & plus illuminé, qu'aucun autre
Docteur. Tout Theologien la doit auoir en tres-
grande eſtime; & c'eſt en ce ſens, que les ſaincts
Peres en parlent, quand ils le loüent ſi hautement:
mais ils n'ont iamais voulu obliger les Chreſtiens
à receuoir ſa doctrine, comme eſtant de la foy,
ſinon lors qu'elle a eſté receuë & approuuée par

quelque Concile, ou par quelque decret authentique du Chef & Iuge de toute l'Eglife.

Sur quoy ie remarque en premier lieu, que
de tous les Conciles, qui fe font feruis de la doctrine, & des fentences de ce fainct Pere, aucun
ne l'a nommé non plus que les autres Peres,
nous infinuans par là, qu'ils ne reconnoiffent
point pour doctrine de foy, celle que chaque
Pere enfeigne, parce qu'elle eft de luy; mais parce qu'ils l'approuuent, & luy donnent cette qualité par leur authorité & infaillibilité, qui n'a
efté promife de Dieu à aucun de ces Peres, pris en
leur particulier. Qu'on life les Conciles de Carthage, de Mileui, d'Orenge & de Trente.

Ie remarque en fecond lieu, que les Papes fem-
blent auoir eu la mefme confideration, quand ils
ont approuué la doctrine des Conciles d'Afrique, ou celle de fainct Auguftin, & des autres
Peres, qui tous enfemble leur auoient efcrit. C'eft
ce qui fe voit és Epiftres, qu'Innocent premier
efcrit aux Conciles de Carthage, & de Mileui, &
aux Peres qui luy auoient efcrit auec fainct Auguftin.

Enfin fainct Profper efcriuant contre Caffien
chap. 1. loüe nommément la doctrine de fainct
Auguftin, comme eftant approuuée par le confentement de tous, & nommément des Papes,
à qui il croit eftre fait tort par ceux qui ofent re-
prendre ce grand Docteur. *Iniuriam in vno cun-*
ctis ac præcipuè Apoftolicæ fedis pontificibus intulerunt.

Mais que puis-ie apporter de plus clair & de
plus conuaincant que ce que le mefme Profper,
ou fi voulez, le Pape Celeftin a dit en fon Epiftre aux Euefques des Gaules, & en cette addition, qui y a efté adiouftée. Ie ne repete point icy
ce que i'ay cy-deuant remarqué, que ce fainct
Pape ne parle de fainct Auguftin, que comme
d'vn autre fainct Pere, & que fes predeceffeurs
l'ont toufiours pris pour vn de leurs bons Maiftres, *inter magiftros optimos*. Ie veux mefme qu'on
applique nommément à fainct Auguftin ce qu'il
dit en general de ceux qui ont difputé contre
Pelagius, qu'il appelle nos Maiftres, *piiffimis di-
fputatoribus, Magiftris noftris*, & que ces fentences, ou propofitions des Conciles d'Afrique, ne
foient autres que celles de fainct Auguftin, quoy
qu'il ne le nomme pas vne feule fois en toute
cette addition. Ce m'eft affez que ce fainct Pape
n'a rapporté autres propofitions de ce fainct
Docteur, que celles qui ont efté approuuées du
fainct Siege, *quas vtique fuas fecerunt Apoftolici
antiftites, dum illas approbarunt*, & n'a point tef-
moigné trouuer mauuais, ou eftre fcandalifé de
ce que ces Preftres dont il fe plaint, ayent fait re-
fus de receuoir les fentences de fainct Auguftin,
fans cette approbation.

Et ce qui fait entierement pour moy, c'eft qu'a-
prés qu'il a prouué contre les Pelagiens, qu'en tous
nos merites nous fommes preuenus de la Grace
de Dieu, qui fait que nous commençons à vou-

loir & faire le bien, & que cét ayde & faueur de
Dieu ne nous oste point le franc arbitre, *mais
qu'il le fait libre, il l'illumine, il le rectifie, il le rend
sain & prudent*; car *il fait en nous, que nous vüeillons
& fassions ce qu'il veut*: qui est l'abbregé de toute la doctrine des Papes qu'il a citez. Il conclud
& dit, que pour ce qui est des autres questions
plus profondes & plus difficiles, & que ceux qui
ont combatu contre les Heretiques, ont traité
plus au long, comme nous ne les deuons pas
mespriser, aussi ne sommes nous necessitez ny
obligez à les suiure & tenir. Parce que pour con-
fesser & tenir ce que nous deuons de la grace de
Dieu, à l'ayde & bonté duquel nous ne deuons
souftraire aucune chose, il nous suffit de croire ce que les escrits des Papes nous ont enseigné dans les precedentes regles, & que nous
ne tenons point pour Catholique ce qui sera
trouué contraire aux susdites sentences. *Profun-
diores verò difficilioresque partes incurrentium quæstio-
num, quas latiùs pertractarunt, qui Hæreticis restite-
runt, sicut non audemus contemnere, ita non necesse
habemus astruere. Quia ad confitendam gratiam Dei,
cuius operi ac dignationi nihil penitùs subtrahendum est,
satis sufficere credimus, quidquid secundùm prædictas
regulas Apostolicæ Sedis nos scripta docuerunt; vt pror-
sus non opinemur Catholicum, quod apparuerit præfixis
sententiis esse contrarium.*

Ainsi ie dis hardiment, que pouruceu que ie
reconnoisse, que ie dois à la grace de Dieu les

premiers commencemens de mon affection au
bien, & que ie veux & fais quelque bien, &
de ce que i'y perseuere, donnant à Dieu & à la
grace le commencement, le progrés, & la fin
de mon salut & de toutes mes vertus; & que ny
la grace, ny toutes ces aydes ne m'oftent point
mon franc arbitre, mais pluftoft que le deliurant
du peché, ils le rendent puiffant à vouloir &
faire le bien. En toutes les autres queftions de la
predeftination & de la grace ie m'y puis regler
& conduire par les raifons, qui me paroiftront
les meilleures.

Nos Meffieurs veulent, que dans cette exce-
ption des plus difficiles & plus profondes queftions, le Pape Celeftin ou Profper n'en exceptent
qu'vne feule, qui eft celle de l'origine de noftre
ame. Mais qui le leur a dit, & comment prou-
uent-ils cette propofition ? Cette queftion n'eft
qu'vne, & le Pape parle de plufieurs, il parle de
celles que non feulement S. Auguftin, mais encor les autres Peres qui ont entrepris de combattre les Pelagiens & Semipelagiens, ont traité amplement; & il n'y a bonnement, que S. Auguftin
qui a traité de celle-là, & non pas au fuiet de la grace, mais feulement du peché originel. Du temps
de Celeftin elle n'eftoit point le fuiet des controuerfes, puis que ny Profper ny les autres n'en
ont pas dit vn feul mot. Affeurément ces queftions fi difficiles & indifferentes, font toutes
celles qui depuis quatre cens ans ont efté traitées

dans les efcholes comme telles. Et puis lifez attentiuement tout ce que S. Celeftin ou Profper
rapportent, confiderez-le, & vous n'y trouuerez
autres veritez decidées, que celles de la necefli-
té de la grace, pour commencer à vouloir le
bien, pour le faire, & pour y perfeuerer ; fans
toucher vn feul mot de l'accommodement de la
grace auec le franc arbitre, ny de toutes les queftions de ce temps, & que nos Meflieurs nous
veulent faire paffer pour queftions de la foy.

A quel propos tant d'efcrits, tant de collections
de S. Auguftin, d'obferuations, de commentaires, de verfions des anciens Liures, puis que
pour nous enfeigner ce que tout Catholique doit
neceffairement fçauoir en la matiere de la grace,
ce grand Pape nous en inftruit pleinement dans
ce recueil de neuf propofitions, qu'il nous donne, nous affeurant qu'il ne nous en faut pas dauantage, pour eftre inftruits parfaitement, &
auoir l'entiere folution de tous nos doutes: *Vt*
plenius qui in aliquo dubitant, inftruantur, conftitu-
tiones fanctorum Patrum compendiofo manifeftamus in-
diculo, quo fi quis non nimiùm eft contentiofus, agno-
fcat omnium difputationum connexionem ex hac fubdi-
tarum auctoritatum breuitate pendere, nullámque fibi
contradictionis fupereffe rationem, fi cum Catholicis
credat & dicat. Ce qu'il definit en fuite.

CHAPITRE X.

Quelques raisons particulieres , concluantes qu'on ne doit prendre S. Augustin pour interprete du Concile de Trente.

AVTANT que la doctrine de sainct Augustin en la matiere de la grace est solide, sublime & diuine, autant est elle obscure & concuë en des termes & des expressions si releuées, qu'on ne la peut entendre parfaitement , sans vne attention tres-grande, & vn estude tres-particulier , pouuant sans temerité dire en quelque façon d'elle , ce que sainct Augustin a dit de l'Escriture saincte. Et quoy que ie la considere dans la maiesté de ses Liures dogmatiques , soit dans les homilies & sermons, esquels elle semble se familiariser dauantage , i'y reconnois tousiours les marques & les traits de ce haut & eminent esprit , qu'on ne peut regarder , ny entendre parler sans quelque esbloüissement. *Etec ce video rem non compertam superbis , neque nudatam pueris : sed incessu humilem , successu excelsam, & relatam mysteriis lib. 3. confess. cap. 5.* Ie ne m'arresteray point à en rechercher les causes , me contentant de faire voir à mon Lecteur cette obscurité ordinaire à ce grand Docteur és questions de la grace.

Tous sçauent combien les Theologiens ont

entre eux de differentes opinions, touchant la predeſtination, & la reprobation : de la bonté, malice & indifference des actions humaines, & en quoy elles conſiſtent : de la nature du peché, de ſes differences entre le mortel & le veniel : des differentes façons, dont Dieu peut remettre le peché & iuſtifier le pecheur : des diuers eſtats de la nature, ou pure, ou bleſſée par le pe-ché, ou reparée par la grace : de l'eſſence & des qualitez du peché originel : de la neceſſité meſ-me de la grace, pour ne point pecher, & pour bien viure. Tous ces Theologiens s'accordans és veritez de la foy, & tout enſemble ſi differents és autres articles, qu'ils ne croyent point eſtre de-cidez, penſent auoir ſainct Auguſtin pour eux, chacun le cite pour ſoy, chacun luy donne quel-que interpretation fauorable à ſon opinion, & depuis quatre cens ans ces Theologiens ſchola-ſtiques debatent entre eux pour l'intelligence de ce grand Maiſtre & Docteur.

On ſçait que dés long temps deuant, à l'oc-caſion de Gotheſcal, Hincmar de Rheims, ceux de Lion & de Vienne ont eſté en de tres-grandes conteſtations touchant cette meſme doctrine, de laquelle, ſi elle eſt ſi claire, qu'elle puiſſe ſeruir d'interprete à tous les Conciles, qui ont eſté faits du depuis, iamais ces Docteurs n'euſſent tant diſputé. Ils auoient de l'eſprit, & peut eſtre au-tant que ces nouueaux Meſſieurs : ils eſtudioient ſoigneuſement ; pourquoy donc n'ont-ils pas

tous

tous entendu d'vne mesme façon , & à l'ouuer-
ture des Liures la doctrine de sainct Augustin, si
elle n'a point d'obscurité?

De quelque merite & capacité que puisse estre
M^r nostre Abbé, quoy que depuis six ou sept années il fasse vne estude tres expresse des matieres
de la Grace, comme on nous dit dans l'Aduis au
Lecteur, il n'a point encore acquis le tiltre & la
qualité de Maistre des sentences, comme Pierre
Lombard l'eut de son temps , & en est demeuré
paisible possesseur ; & ce à mon aduis , parce
qu'on a creu, qu'il auoit heureusement entendu
& redigé par ordre les sentences des Peres , &
nommément celles de S. Augustin : & toutefois
ce grand homme aprés auoir employé beaucoup
plus d'années dans la lecture de sainct Augustin,
que n'a fait ce ieune Docteur, dans son premier
Liure, dist. 41. aduouë, qu'au suiet de la predestination & reprobation, on ne sçait bonnement
ce que sainct Augustin a voulu dire, *quid intelli-*
gere voluerit , ignoratur. Et le mesme sainct Augustin reconnoist , que les derniers Liures qu'il
a escrit contre les Pelagiens demandent de l'attention, & qu'ils ne sont pas si aisez a entendre,
qu'il ne les faille lire qu'vne fois. Voicy comme
il parle au dernier chap. de son Liure *de gratia &*
libero arbitrio. Repetite assiduè librum istum , & si in-
telligitis, Deo gratias agite : vbi autem non intelligitis,
orate vt intelligatis , dabit enim vobis Dominus intel-
lectum. Relisez assiduëment ce Liure , & si vous

l'entendez , remerciez-en Dieu ; que si vous ne l'entendez-pas, demandez-en à Dieu l'intelligen-ce, & il vous la donnera. Si la doctrine de ce Liure, quoy qu'il ait esté escrit pour instruire ses religieux, eust esté si claire, qu'elle eust pû seruir d'interprete à tous les Conciles suiuans, S. Augustin en eust-il parlé de la façon à tout vn monastere, où se rencontroient asseurément plusieurs habiles religieux ? Et dans l'Epistre, qu'il en escrit à Valentin superieur de ce monastere, il suppose qu'il le faut lire soigneusement , qu'il est besoin d'vn bon & subtil esprit, pour le bien entendre, *Si diligenter legeritis, & viuaciter intellexeritis :* & parlant de ce mesme Liure, au ch. 1. *de corrept. & gratia : Verumtamen semel lectum nullo modo arbitremini satis vobis innotescere potuisse.* Ne pensez pas que pour l'entendre, ce soit assez de l'auoir leu vne seule fois.

Et nonobstant tout ce que S. Augustin auoit escrit de la grace, dans son Liure de la correction, S. Prosper le prie de luy donner encore plus d'esclaircissement sur les questions, qu'il luy propose , touchant la mesme matiere , *vt quæ in istis quæstionibus obscuriora , & ad perspiciendum difficiliora sunt , quàm lucidissimè expositionibus digneris aperire.* Et sainct Augustin au Liure *de dono pers.* ch. 22. nous dit , que ce sien Liure n'a pas pû contenter tous ceux mesme , qui l'affectionnoient, *sufficere non potuit omnibus dilectoribus meis.*

Et croyez vous que sainct Augustin dans ses deux derniers Liures , qui sont comme son te-

ſtament, ayt tellement declaré, & expliqué ſa
doctrine de la grace, qu'on n'y ayt plus eu de
doute? Rien moins: teſmoins tant de Liures, que
que ſes diſciples ont eſté contraints d'eſcrire, pour
expliquer ce qui donnoit ſuiet de ſcandale, meſme à ceux qui ne manquoient pas d'affection &
de reſpect pour vn ſi grand Docteur. Et qu'on
ne me diſe point que ceux, qui y trouuerent de
la difficulté, eſtoient ces premiers Semipelagiens.
Car quoy qu'ils ayent erré, ſi eſt-ce qu'au dire
meſme de Proſper & de S. Hilaire, c'eſtoient de
grands hommes, ſignalez en doctrine & en vertu,
dont quelques-vns ſont honorez dans l'Egliſe
comme ſaincts, & qui aſſeurément n'eſtoient ny
impoſteurs ny calomniateurs, & qui n'ont point
par enuie & par malice attribué fauſſement à S.
Auguſtin des propoſitions, que ſes diſciples, &
du depuis tous les Docteurs Catholiques, n'ont
voulu accepter, qu'auec quelques explications,
qui n'eſtoient point ſi claires dans ſainct Auguſtin, qu'on les deuſt rencontrer à la ſimple lecture de ſes œuures.

Il eſt donc conſtant, que la doctrine de ſainct
Auguſtin touchant la grace, a des obſcuritez aſſez
notables, & des nuages baſtans pour nous empeſcher de penetrer aiſément dans ſes vrais ſentimens. Croyons-en ſainct Proſper, qui dans la
preface des reſponſes, qu'il fait aux doutes de
ceux de Genes, dit que le ſuiet de ſon Liure eſt,
que Camille & Theodore Preſtres auoient eſté

surpris de quelques propositions extraordinai-
res, ou moins claires, qu'ils auoient remarquées
dans les deux Liures, que sainct Augustin a escrit de la predestination des saincts. *In libris bea-
ta memoriæ Augustini Episcopi, quorum titulus est de
prædestinatione sanctorum, quædam sanctitatem vestram
vel insolita, aut minùs clara mouerunt.*

Enfin accuserons-nous d'ignorance, de stupidité d'esprit, ou de malice tant d'excellens
Docteurs, qui quoy que tres-affectionnez à S.
Augustin, y trouuent toutefois plusieurs propositions rudes, & qu'ils croyent fauoriser en quelque façon les Heretiques, qui se les attribuent,
& en font mesme les principales preuues de leurs
erreurs?

Luther au Liure qu'il intitule de l'arbitre serf,
ne fait estat que de sainct Augustin : son disciple
Melancthon dans son apologie contre les Sor-
bonistes, maintient que la doctrine de son Maistre, touchant le franc arbitre, & la grace, est
toute la mesme, que celle de ce grand Docteur.
Caluin escriuant du mesme suiet, en rapporte
tant de sentences, qu'il semble que sainct Augustin ayt plus de part dans ses Liures, que Caluin mesme.

Ces Heretiques font vn grand tort à ce sainct
Docteur ; sa doctrine de la grace est sans aucune
erreur, & consequemment celle du franc arbitre, qui est tellement liée auec celle-là, qu'on
ne peut errer en l'vne, sans manquer en l'autre.

Quand i'ay esté obligé de traiter de ces matieres, ce que i'ay fait plusieurs fois depuis plus de vingt ans, ie ne me suis iamais tant soit peu escarté des sentimens & des paroles mesmes de celuy, que toute la Theologie reconnoist pour son Maistre, & nommément és matieres de la predestination & de la grace : Mais ie n'ay pas creu que le respect, que i'ay eu tres-grand & inuiolable pour luy, m'ayt dû obliger à appeller Pelagiens, ou à accuser de stupidité, ou d'imposture les Cardinaux Caietan & Sadolet, ces grands Docteurs & Euesques de Xaintes, Genebrard, & Osor, parce qu'ils ont escrit, que S. Augustin defendant la grace contre les Pelagiens n'auoit pas eu assez d'esgard à ce qu'il deuoit dire du franc arbitre. C'est l'obscurité auec laquelle sainct Augustin a escrit de ces matieres, qui a porté ces hommes à porter ce iugement, à mon aduis trop seuere.

Si ces Docteurs, desquels quelques-vns ont assisté au Concile de Trente, & aux Conferences, qui s'y faisoient, touchant la doctrine de ce S. Pere & Docteur, en ont porté ce iugement, peut-on dire auec raison, que le seul S. Augustin est vn suffisant interprete en toutes les disputes & controuerses, que les Catholiques peuuent auoir en la doctrine du Concile de Trente ?

FIN.